幸福婚姻心理学

张瑞轩 编著

中国商业出版社

图书在版编目（CIP）数据

幸福婚姻心理学 / 张瑞轩编著 . -- 北京：中国商业出版社，2022.1

ISBN 978-7-5208-1922-0

Ⅰ . ①幸… Ⅱ . ①张… Ⅲ . ①婚姻—社会心理学—通俗读物 Ⅳ . ① C913.13-49

中国版本图书馆 CIP 数据核字（2021）第 235421 号

责任编辑：包晓嫱　佟　彤

中国商业出版社出版发行

010-63180647　www.c-cbook.com

（100053 北京广安门内报国寺 1 号）

新华书店经销

香河县宏润印刷有限公司印刷

＊

710 毫米 ×1000 毫米　16 开　13 印张　195 千字

2022 年 1 月第 1 版　2022 年 1 月第 1 次印刷

定价：58.00 元

＊＊＊＊

（如有印装质量问题可更换）

序

婚姻不是归宿，幸福才是

有句俗语，"男大当婚，女大当嫁"。似乎走进婚姻才是一个人成熟的标志，是一个人的归宿。事实上，走进婚姻只是一个人生新的起点。他（她）开始脱离父母的原生家庭去建立一种全新的关系，开始走向一段未知的旅途，开始对自己以及对另一半有了不同的认识和理解。也许能够互相滋养共同成长，也许不能避免互相消耗共同挫败。这种种开始意味着婚姻不是归宿，只有在婚姻中感受到了爱、美好与幸福才能算作归宿。要不然，为什么有人感叹"婚姻是爱情的坟墓""伴侣是自由的枷锁"呢？

我们假设每个人一生只有一段婚姻，那么保守计算，一个人从30岁开始走进婚姻到80岁生命终点的话，那么两个人要共同生活50年，怎样才能保证这么漫长的岁月中，彼此是永远忠于对方的呢？谁又能保证两个人之间的关系是永远和谐平稳的呢？婚姻可以说是世界上投入最大、风险最高的事业。更不要说有不少婚姻走着走着就散了，过着过着就成了陌路人，对于这样一份投入巨大、风险又高的事业，想要有更丰厚的回报，就必须更加精心地经营，付出更多的心血和智慧，同时努力去获得圆满的结局，那样才能把婚姻过成幸福的样子，才能把结婚变成这一生的归宿。

就像一位作家说的那样："我们追求的不是结婚本身，不是生育本身，

追求的是过好自己的人生，然后带给孩子好的影响和榜样。"

如果我们随机做个调查问问大家："结婚是为了什么？"可能有人说为了有个家，有人说为了不孤独终老，还有人说没有为什么，婚姻是人生的必经之路而已。但不管结婚是为了什么，其实内心都渴望幸福。哪怕没有任何目的性的婚姻，内心也渴望幸福。所以，婚姻虽然看似是成人的归宿，其实并不是，幸福才是。

为什么说幸福才是归宿呢？这个道理很简单。如果结婚的双方在不依赖婚姻、不依赖伴侣的情况下，可以自己让自己幸福，那其实就已经有了归宿，剩下的一切都会变得很简单。让自己幸福，这是最稳固的幸福，同时也能带给别人幸福。在这个基础上，不管你是选择让自己一个人幸福下去，还是选择一段适合自己的婚姻让两个人幸福，你都可以一直幸福，因为你心里一直有底气，有爱的能力。

许多人从婚姻中享受到幸福，也有不少人被婚姻折磨得苦不堪言。美好的婚姻给不少人增添奋斗的力量，使人生成功；也有不少人的事业、人生毁于婚姻，葬送在男女之情上。恩爱和睦的婚姻，是人生旅途的温馨驿站，是事业兴旺的坚强后盾和力量源泉，也是孩子成长最好的摇篮和港湾。

由于职业的原因，我接触过大量的案例，夫妻之间经营不好婚姻，直接影响了事业、家庭以及对孩子的教育。幸福的婚姻都有相同的样子，而不幸的婚姻则各有各的不幸。不夸张地说，婚姻真的影响一个人甚至一代人、几代人的方方面面，我们不得不重视婚姻、重视幸福，不得不去好好提升自己的修为，提升经营婚姻的能力，提升教育孩子的能力。

婚姻不是最终的归宿，幸福的婚姻才是真正的目的。幸福的婚姻究竟是什么样子？其实幸福的婚姻根本没有固定的模式可循，幸福的婚姻和物质也没有必然的联系，但跟每个人的个人成长关系密切。如果你成长，你的伴侣也会成长；你变得好了，对方也就好了。所以，如果拥有了婚姻，请努力珍惜在一起的幸福；如果婚姻不得不终结，请好好疗愈自己。

这是本书的出版初衷，希望让大家认清婚姻的本质和真相，让大家看到每一个普通的家庭面临的问题，找到夫妻之间的问题，看到婚姻对家庭的种种影响，从而努力去提升自己爱的能力，变成一个更好的自己，影响另一半变成更好的伴侣。建立一个幸福的家庭，给孩子打造一个有价值的原生家庭，让孩子在爱中长大并且拥有爱的能力和传承幸福的机会。

如果每个家庭都幸福，社会就和谐；如果每对父母都幸福，孩子就幸福。一定意义上讲，这是我们每个人的责任。

目录

第一章 婚姻的本质

婚姻是一种亲密关系　　2

幸福婚姻能够相互滋养　　5

不和谐的婚姻是彼此消耗　　8

婚姻是完善自己的过程　　10

婚姻包括爱、金钱和孩子　　14

美好婚姻是最划算的投资　　17

离婚对任何人都是挫折　　19

婚姻是一辈子的事业，共同经营，彼此成就　　22

第二章 一般家庭的共同难题

鸡零狗碎的生活压力　　26

父母与孩子的三角关系　　29

遇事相互怪罪的恶性循环　　34

日渐疏离的夫妻关系　　38

剑拔弩张的亲子关系　　42

情感问题导致家庭成员幸福感缺失　　46

　　　　　　原生家庭的错误伤害孩子　　　　　　49

第三章　夫妻之间的婚姻问题

　　　　　　从无话可谈到无爱可言　　　　　　54
　　　　　　两极化对立及争吵白热化　　　　　　57
　　　　　　夫妻间为钱引发的纷争　　　　　　61
　　　　　　权力斗争，彼此控制　　　　　　64
　　　　　　背叛婚姻带来的互相伤害　　　　　　68
　　　　　　离婚后的那些问题　　　　　　71

第四章　婚姻对家庭的影响

　　　　　　幸福婚姻是男人事业的后盾　　　　　　76
　　　　　　家庭和谐是女人快乐的源泉　　　　　　78
　　　　　　夫妻恩爱是孩子成长的动力　　　　　　81
　　　　　　家庭美满产生的价值和功能　　　　　　86
　　　　　　"家"的真正含义　　　　　　89

第五章　修炼幸福婚姻的能力

　　　　　　婚姻其实是一个人的事　　　　　　98
　　　　　　培养对配偶的喜爱和赞美　　　　　　102
　　　　　　杜绝暴力沟通　　　　　　106
　　　　　　互相给予而非过度索取　　　　　　110
　　　　　　幸福需要爱的语言　　　　　　113
　　　　　　正确表达自己的需求　　　　　　117
　　　　　　爱别人的同时不能丢了自己　　　　　　120
　　　　　　学会述情，更容易爱和被爱　　　　　　122

共情：让幸福更长久　　　　　　　　　　126

允许：尊重彼此的差异　　　　　　　　　129

影响：你变了，对方就变了　　　　　　　132

强势不强，示弱不弱　　　　　　　　　135

美好婚姻，彼此都有边界　　　　　　　137

第六章　给孩子打造有价值的原生家庭

婚姻家庭是孩子的底色　　　　　　　　142

家庭教育需要阴阳平衡　　　　　　　　146

家长分层次，榜样有好坏　　　　　　　150

家庭氛围对孩子成长的意义　　　　　　152

父亲影响孩子的精神世界　　　　　　　156

母亲影响孩子的待人接物　　　　　　　159

孩子会复制父母的婚姻模式　　　　　　162

父母幸福孩子就会传承幸福　　　　　　166

第七章　幸福婚姻的自我疗愈与成长

了解幸福和个人心智的关系　　　　　　170

自己对了，周围的关系就对了　　　　　173

先把自己看小，内心才会变大　　　　　177

以人为镜，反求诸己　　　　　　　　　180

疗愈失败婚姻的伤痛　　　　　　　　　182

接纳自己的真实情绪　　　　　　　　　186

情绪是种能量，教我们学习　　　　　　189

冥想与音乐的疗愈力量　　　　　　　　191

第一章
婚姻的本质

婚姻是一种亲密关系

我们每个人都生活在各式各样的关系中，和朋友的关系，和同事的关系，和父母的关系，和孩子的关系……其中对我们最为重要的一种，被称作"亲密关系"的就是由婚姻缔结而成的夫妻关系。但可惜的是，很少有人能真正获得良好的亲密关系，更多的人是在不断排斥、撕裂、破坏这种关系，使原本相爱的人没有收获到"亲密与爱"，反而让关系越走越远。

什么是亲密关系呢？心理学上认为，只有当两个人之间互相影响与依赖的时候，我们才能认定他们之间存在着亲密关系。研究亲密关系的心理学是心理学流派当中的一个分支，也被称作"亲密关系心理学"。亲密关系本意是指不限性别、年龄的两人之间和谐融洽的关系，现在大多数指夫妻。比如，我不会介意我的朋友有其他朋友，但我会介意我的妻子有过于亲密的男友。亲密关系的建立让我们看到：这种关系里除了交换和控制，还具有属于灵魂的彼此懂得、陪伴、真爱是如何存在于这个世界上，我们将如何作为彼此的旅途伴侣来度过有限的有生之涯。

所以，婚姻的本质就是亲密感，因为两性关系首先是一种亲密关系，而不是责任关系、付出关系或义务关系，维系两性关系最为重要的就是亲密感。

电视剧《我的前半生》中陈俊生跟凌玲尽管不是夫妻关系却很亲密。陈俊生跟罗子君虽然是夫妻关系，但是他们不具有亲密关系。所以，最终陈俊生选择了和罗子君离婚，而和凌玲重新建立家庭。

那我们为什么要拥有亲密关系呢？人是具有社会属性的，只有当你获得了足够多的亲密关系时，你才会拥有安全感、归属感、幸福感、满足感，一旦缺失你就会觉得整个人是孤独的。保持亲密关系也是保护婚姻最好的一种方法。

虽然婚姻的本质是一种亲密关系的建立，其幸福的基础也是彼此之间拥有亲密感，但有不少婚姻却呈现出假性亲密关系的状态。有些夫妻双方表面看起来很亲密，但真实情况并不亲密，外表看夫妻二人生活在一起，却貌合神离。造成假性亲密关系的是父母逼婚或催婚种下的苦果，也有一部分是明明并不相爱却凑合着维持婚姻。这样的两个人在没有什么感情基础的情况下，或者并不深入了解对方是什么样的人的情况下，往往会无法在婚姻中建立起亲密的夫妻关系，就会造成假性亲密状态。还有一种假性亲密状态是婚姻中两人有感情基础，却因为一方对感情的背叛或出轨导致婚姻的亲密度消失。

我接触过一个案例。某女士因为丈夫的一次出轨，两个人就分房而睡，为了孩子她选择了不离婚，但是已经对这个人没有了感情。虽然他的认错态度一直很好，也确实回归了家庭，但就是不会再有婚姻的感觉了。对于她而言，就好像是为了维持最后的体面而撑着这段婚姻。她也害怕离婚会给孩子一个不完整的家庭。所以在外人眼里，这段婚姻并没有任何的问题，但只有她自己知道，自己在亲密关系上已经"离了婚"。

有不少婚姻，事实上都失去了婚姻的意义，只是打着婚姻的名义过着各自的日子，假性亲密关系相处越久，两个人积累下的负面影响就会越多，这样一来不但感情不会积累下来，而且会日益消退，最后只剩下了"婚姻"这样的名义和空壳，看上去是夫妻，其实关系很疏远。许多婚

姻里爱的消失，其实是从亲密关系的消失开始的。不知不觉就不再那么亲密、那么想黏着对方了。

假性亲密关系一般有这些特征：

在公开场合表现得有说有笑，私下相处无话可说；

有了心事不跟对方说，对方有什么事，自己也是最后一个才知道；

在心理上缺乏依恋，身体距离远，吝于给予对方关心和温暖；

不坦露自己的真情实感，总是让对方猜心思。

如果对照自己的婚姻关系里占以上特点中的三条，就存在着假性亲密关系。

要想让婚姻更顺畅，一定要改变假性亲密关系，慢慢向着真正的亲密关系发展，具体怎么做呢？

首先，在与伴侣沟通的时候尽量多听少说，有意识地使用充满爱的语言，不说伤人的话。当语言的表达传达出爱意的时候，往往能够让对方感受到温暖与亲密，从而对建立亲密关系大有助益。

其次，永远把两人之间的信任和爱放在一起。双方要对自己选择的婚姻关系怀有使命感，如果一方有使命感一方没有，或者双方都没有，这段关系就会走进死胡同。

最后，经常表达欣赏与感激。茫茫人海相遇不易，带着欣赏的眼光看对方，就是告诉对方你爱他/她，表达感激就是告诉对方你懂他/她。经常表达欣赏与感激，能使你占据关系中主动、积极的位置，同时对推进亲密关系能起到良好的作用。

如果夫妻之间无法证明自己拥有的是真正的亲密关系还是假性亲密关系的话，有一个最好的检验方式，那就是彼此相处起来是否"舒服"。有一个词叫"累觉不爱"，不管是太累导致爱不动了还是因为不爱才深感疲愈，都不是一个好的现象。

不可否认，我们每个人终其一生，都渴望拥有一段让人舒服的婚姻关系。怎么才能做到呢？答案就在"舒服"的状态里。只有这样，两个人才会久处不厌、相亲相爱、没有内耗、彼此治愈。

好的亲密关系并非镜中花、水中月，会舍出去，会给予，能爱能懂能体谅，便离舒服不远了。关系舒服了，幸福更长久。

幸福婚姻能够相互滋养

有句话说得好："幸福的家庭，不在于锦衣玉食，而在于不争对错；幸福的家庭，不在于阔气富有，而在于不轻易指责。"在我看来，只有爱在家里流动，才能有不争对错的胸怀和不轻易指责的感情。

如果问："真正的爱，到底是什么？"或许，从不同的角度去理解，会得到不同的答案。但真正的爱，其实就是一种"滋养"。或许有人会不理解这样的说法。其实，我们不妨仔细想一想，真正去爱一个人的时候，我们的内心是温暖的，对方感受到的也是温暖，当两颗心都感知的是温暖而不是伤害的时候，当然是一种"互相滋养"的状态。

试想，两个来自不同家庭、不同环境、不同社会关系圈的人，因为一个"爱"，携手走在了一起，还要相互承诺成为世界上最幸福、最忠贞、最亲密的终身伴侣。这是何等的缘分？这是何等的勇气？

演员陈道明曾经用这样一段话来总结夫妻关系："夫妻，此生结缘的最大意义不是吃饭穿衣，不是生儿育女，而是心灵的交流，爱的流动，彼

此慰藉，彼此滋养，彼此成就。"

我们见过很多成功人士，他们生命闪着无数的光环，背后也有着美好的爱情和婚姻。

美国前总统奥巴马在告别演讲中，提到自己的妻子时一脸柔情，甚至还动情地落泪了。他说："米歇尔，来自南方的姑娘，我以你为荣！"那一刻民众欢呼。人们感动的是这一对夫妻传达出的正能量与价值观。

奥巴马和米歇尔在一起快三十年了，有两个迷人的女儿。虽然当时谈恋爱的时候人们都觉得米歇尔强势，但奥巴马觉得她金光闪闪，优雅聪明并且优秀。米歇尔也看到了奥巴马身上的智慧与魅力，他们彼此爱慕相互欣赏。

刚结婚的时候奥巴马很穷，还欠了很多债，婚后夫妻俩一起奋斗一起还债，一起攒钱买房并迎接第一个女儿降生，后来又一起参加总统竞选。虽然最初并不顺利，竞选失败，还要还债，但夫妻俩依然能从彼此的眼中看到坚定的光芒与爱。等到有了两个孩子以后，他们没有请保姆，米歇尔放弃工作成为全职太太，亲自带孩子。奥巴马成为总统以后天天像个普通的父亲一样陪家人吃饭，在床边哄孩子睡觉。无论什么时候出去度假，他都带着妻子和孩子。最重要的是，在奥巴马眼里妻子是非常可爱的，在庄重的场合，他总是公开向妻子示爱。无论是当选总统成功后说妻子是家庭的顶梁柱、是他一生的挚爱，还是在告别演讲的时候深情落泪表白，都向世界展示了他们的爱是那么美好又充满活力。

当然米歇尔也从来不忘赞美奥巴马，她会在演讲中说："如果你要问我白宫这四年是否改变我的丈夫？我可以坦诚相告，不论是看他的品格、信仰，还是内心，此时此刻的他仍是彼时彼地我爱上的那个人！"两个人都一直说对方的好话，从不说坏话。即使是公众人物，他们也从未畏惧展露爱意，他们见到彼此，脸上都有掩饰不住的笑容。

我们中国有一对幸福婚姻的楷模——钱锺书与杨绛。"最才的女，最贤的妻。遇见她之前，从未想到结婚；娶她之后，从未后悔。那一年一见钟情，至此牵手一生。"这是钱锺书先生写给爱妻杨绛先生的话，他们因酷爱文学、痴迷读书而互相吸引走到一起。两个精神契合的灵魂伴侣，相互支持的一生，让人羡慕不已。杨绛甘愿照顾钱锺书的衣食起居。对于杨绛的付出，钱锺书并没有觉得结婚了就理所应当，他始终对杨绛的好了然于心，并且心存感激。他会用实际行动表达对妻子的爱和关心，他会主动分担家务（钱锺书在家务劳动这方面比较笨拙）。在英国留学的时候，钱锺书会给杨绛煮早餐，在杨绛生产的时候给她炖鸡汤……当钱锺书说："我把桌布弄脏了、门把手弄坏了、台灯也坏了……"得到的不是责备，而是一句："没事，不要紧，有我呢，我会修！"所以家庭，一定是能说知心话，能相互理解包容的地方。丈夫或妻子，一定是感激你所有优点、包容你所有缺点的那个人。

无论是奥巴马和米歇尔，还是钱锺书和杨绛，他们都是美好婚姻的典范，即彼此欣赏，相互滋养。正是因为有如此美好的爱情和婚姻，才成就了他们更加伟大和闪耀的人生。

我们普通人又何尝不是呢？如果拥有幸福的婚姻，生活也会顺遂与平静，反之则会导致家庭不和而诸事不顺。

不和谐的婚姻是彼此消耗

我们都知道,婚姻有明确的责任和义务,即两个人以爱为基础,互相照料,一同面对未知的挑战。

不过大多数婚姻不像我们想象得那么美好,一地鸡毛是常态,争吵不休是家常便饭,所以很多人都对婚姻有了一层抹不去的阴影。

不够美好的婚姻,除了与婚姻外部的残酷生活压力有关,也包括分不清责任和义务,导致没有相互滋养、相互服侍,而是变成了一种相互折磨和相互消耗。

消耗,顾名思义,就是遭受损失而逐渐减少。在婚姻关系中往往指内耗,也就是彼此消耗能量。假设我们每个人的能量最旺盛的时候是100分,那么工作的时候需要拿出30分,运转身体健康需要40分,处理感情需要30分。

如果我们能正常地吃饭睡觉,保持身体健康,又合理地分配精力,那么我们的人生就是富足安稳的状态:工作顺利,感情幸福,人生顺利。

如果分配精力时一个不小心,哪个方面没有顾上,就会导致问题发生。如果是情感处理不好,就会消耗掉30分,如此一来能量就有了损耗,往往会在工作和健康上找补,调动其他的能量来补充,如此工作效率和健康状况就会受到影响。

所以生活中常常会看到有些人,当感情发生问题的时候,工作和生活也都不太顺利。这就需要花费一段时间,才能慢慢恢复正常,然后再慢慢变好。

假设两个人都是不会处理亲密关系的人,当关系里出现问题的时候,就只会用争吵或暴力的方式来解决问题。而每一次的争吵,都会让两个人陷入糟糕的心情中,影响正常的学习和工作,少则一两天才恢复,多则一两个星期才恢复。长此以往,就是一种显性或隐性的消耗,日子会过得不顺畅,也会不开心。

如果一方擅长处理亲密关系问题,就可以引导另一方用好的方式去处理,避免很多不必要的争吵和矛盾。这样节省下来的时间和精力,可以创造更大的价值。

小米的父母就是一对消耗型的夫妻。用小米的话说,她就是在那样的家里长大并结婚成家的。其实她从小就知道父母根本不相爱,他们虽然尽力在她面前表现出恩爱的样子,但她能感觉到父母是在演戏。因为她看到父母20多年来不断互相折磨、彼此埋怨。父亲抱怨母亲不关心他,抱怨母亲不像个女人、不懂勤俭持家。母亲对父亲也有很多的抱怨,抱怨父亲不懂为人处世,在婆婆和外人面前不知道心疼自己,抱怨父亲有抽烟、喝酒、打牌、赌博等一系列的恶习,抱怨父亲性格偏执,抱怨他没本事,等等。小米的父母就是这样在彼此不欣赏和互相怨恨的状态下过了大半辈子。虽然他们每次吵架都提过离婚,但都说为了家、为了小米没有付诸行动。当小米聊起自己父母的时候除了叹息还觉得可惜,她并没有觉得父母给了自己一个完整的家,而是一个貌合神离、名存实亡的家。这个家让小米苦不堪言,虽然她身边有不少追求者,但因为看到父母失败的婚姻而失去了对婚姻的信心,一直到了三十多岁还是一个"剩女",她不是不想结婚而是不敢相信世界上有真正的爱情。

我们都说婚姻是人生大事，因为婚姻真的能改变一个人的气质和生活状态，还有人说"看一个人婚姻幸福不幸福，就看他/她的面相与眼神"，眼神明亮、面相舒服的人，不用说，婚姻肯定不错。反之，一个人眼神空洞、神色倦怠，不用说，婚姻的船正在风浪上颠簸。

一段好的婚姻，能够让夫妻双方彼此成长、共同进步，取得"1+1>2"的神奇效果。而一段糟糕的婚姻，会让两个人彼此消耗、彼此折磨、彼此怨恨，常年生活在这样的状态下，又怎么能过好这一生呢？

婚姻是完善自己的过程

在家庭婚姻咨询课上，我经常向学员提出一些思考练习题让大家作答，最好是夫妻二人同时参与这样的思考和练习，往往会让彼此发现一些问题。一般会列出如下几个问题。

* 你会用什么样的词描述你的婚姻？你觉得你的配偶会用什么词？

* 你在婚姻中得到了哪些在没有结婚之前得不到的东西？

* 你从配偶身上发现了哪些闪光点？你会告诉对方你欣赏这些闪光点吗？

* 配偶做什么能让你感受到爱？你会做什么向配偶表达爱呢？

* 你觉得你们的婚姻牢固吗？这份牢固谁的贡献比较多？

* 你觉得你们的婚姻最脆弱的地方是什么？自己该负什么责任？

* 为了拥有一个幸福的婚姻，你正在采取哪些行动？

不论参与答题的人答案是什么，在做这些题的过程中都会对婚姻产生很多思考，而且往往会让一些人渐渐发现自己的不足。

我们每个人都有好多次成长与完善的机会。在父母营造的原生家庭中是第一次成长，带着父母的教育模式渐渐形成了自己的价值观。进入婚姻以后，有了新的人脉关系和角色扮演。在家庭层面每个人开始找到新的归宿感、安全感，建立了对生命延续的使命感。在个人层面，我们要和一个原本陌生的人生活在一起，这个人我们并不了解，需要带着很多未知去磨合。往往在缔结婚姻的最初，无论是男人还是女人想的最多的都是婚姻可以给自己带来什么好处，并不会把"完善自己"放在首位。其实，无论婚姻能给人带来多少种好处，前提都要归结为一个完善自己的过程。如果自己不成熟，不成长，又如何去影响另一半使之变得更好？如果两个都不变好而是变得自私，又如何能够收获一个美好婚姻呢？当然，人都有自私的一面，但婚姻的绝妙之处就在于把两个自私的人放在一起互相制约与磨合，最后两个人变得不那么自私了。

每一桩婚姻都会朝两种结果发展，要么是双方共同成长、彼此督促，要么是相互贬损、彼此受挫。男人希望自己娶到的女人像小公主，漂亮依人还不发脾气，女人希望男人顶天立地，能赚钱又顾家，还只爱自己一个人。但往往太过要求对方反而会适得其反，要求对方是自私的行为。反之，如果帮助对方成为那样的人就会站在对方的角度去考虑问题，那样无形中也是在完善自己。

好的夫妻关系不是谁迁就谁、谁服从谁或谁压制谁，而是在不断相处的过程中先完善自己，然后再和对方一起成长。

就像舒婷的《致橡树》里描述的婚姻关系："我如果爱你——绝不像攀援的凌霄花，借你的高枝炫耀自己……我必须是你近旁的一株木棉，作为树的形象和你站在一起……""我有我的红硕花朵""你有你的铜枝铁

干""我们分担寒潮、风雷、霹雳；我们共享雾霭、流岚、虹霓"。我必须是一个独立的我，同时也是支持着你的我。我想只有这样的爱情才有活力，经得起洗礼，符合爱的本质——让彼此成为更好的自己。

假如一对夫妻在一起生活，只想着让对方包容自己、接纳自己、迁就自己，尤其是如果一方有难以忍受的缺点，还不愿意承认，更不愿意改正，只要求对方适应，那么这无论怎样都难以让人接受。接受不了，就不会理解对方的缺点，此时，再要求去磨合，就会有困难。很多有矛盾的夫妻，大多不肯正视自己身上的错误，以一种打死都不改的态度要求对方服软、接纳和包容。这是一种固执且幼稚的处理问题的心态。

笔者之前也犯过类似的错误，因为自己学习了大量的心灵成长亲子教育和心理疗愈方面的课程，回到家以后，总觉得爱人这个地方不对，那个地方不妥。在教育孩子身上，我也会自以为是地跟爱人说，"你教孩子，应该这样做，应该那样做"，我在用我以为的观点想改变对方。借着自己所学，想要指点对方，就已经站在了道德的制高点，而把对方贬低了。这样的话，对方只有两个选择：要么就是认同你，这样一来，他就更低！如果不认同你，那他只有选择反抗了！在夫妻关系里面（包括亲子关系），人格是平等的，千万不要老把我们自己放高；一放高，对方就低了。所以，夫妻之间，是不是要多点欣赏，多点尊重？从那时候开始，我再也不要他改变了，唯一要改变的是我自己，修炼自己。当我一点点去提升自己、完善自己的时候，心也变得大了，目光也变得越来越柔和。慢慢地，无论是先生还是孩子都变好了。

婚姻里，最不能停的是完善自己的脚步。当一个女人渐渐成长变得越来越好的时候，她会让男人觉得，她不可小觑。男人也一样。为什么有的男人可以让太太一辈子仰慕，因为他总在自我完善与成长。男人如果成长得好，他不仅能得到太太的敬重，也会受到其他女性的青睐，这一点是毫无疑问的。

这世界上本没有对的人，只有在某个时刻合适的人。这个世界上不存在完美爱人。所谓的完美都是某个时间段的完美，而婚姻永远是动态的平衡。

婚姻是针对女性虚荣与男性自大而设的没有麻醉的切除手术。一个虚荣的妻子进入婚姻，她面对的是什么？非常现实的压榨，使那些美梦和幻想全部被挤破了。一个很自大的男性，他进入婚姻，马上要面对的是什么？他的妻子会让他一直自大下去吗？绝对不可能，一定会打击他。如果我们看清楚自己的本性，愿意接受修复和改造，去学习很多以前不知道的东西，就会开始进入更加美好的生活。

今天的完美，如果放弃经营和制衡，就会变成明天的不完美，那么今天你眼里的"对"，也会成为明天的"错"。不要指望通过他来弥补你生命中的缺失，只有一个完善的自己、一个不断成长的自己，才能吸引一个与你匹配的不断成长的另一半，你们一起动态地相爱，有智慧地冲撞，从而修炼出美好的婚姻。

每个人的配偶都是一份特别的礼物，这份礼物可以帮助你看清楚自己的真面目。我们对自己的了解不是最深刻的，因为我们常常会看自己好的一面。但是你所有的问题，配偶都能给你指出来，就像你的镜子一样。

所以，我们要感谢美好的婚姻是两人同修的结果，也要感谢不完美的婚姻让彼此看到自己的不足而努力完善自己。

婚姻包括爱、金钱和孩子

每一桩水到渠成的婚姻都是先建立在有爱有感情的基础上,然后再互相打拼积攒金钱过日子,再然后拥有了爱的结晶。所以说,爱、金钱与孩子在婚姻中占有同等比重,缺少哪一个都会有所残缺。

把爱放在第一位,没有任何的疑问,不管以后的婚姻会怎么样,我们都要因爱开始,因爱才结婚,而不是因钱。有爱的婚姻,是保证婚姻能够幸福的基础。爱是有了,但只是有爱还不够。爱是婚姻幸福的基础,婚姻不是天天的花前月下,婚姻是实实在在的生活,柴米油盐酱醋茶,你见过饿着肚子还说自己很幸福的人吗?

我们见过影视桥段中"山无陵,江水为竭。冬雷震震,夏雨雪。天地合,乃敢与君绝"的爱情盟誓,也听过"嫁他(娶她),不论贫穷、疾病或灾难都能不离不弃"的结婚宣誓。似乎从古至今,高尚的爱情仿佛就应该与铜臭的金钱画上分明的界线。电视剧中也经常上演富家公子或千金为爱抛弃万贯家财的剧情。因此,许多人认为,结婚如果谈钱会很俗,会"谈钱伤感情",事实果真如此吗?在我看来,无论婚前婚后,谈钱不伤感情,没钱倒是真伤感情。

英国著名的里雷特婚姻咨询公司经过调查发现,夫妻之间吵架拌嘴的原因60%跟钱挂钩。可见,钱这件事解决不好真的很伤感情。只有具备谈钱习惯、懂得聪明谈钱的夫妻,才有长久幸福的未来。

现实中我们也见过太多因钱反目的案例，因此才有了一句经典的台词，"贫贱夫妻百事哀"。

经济基础才是其他一切的基础。很久以前看过一个调查，问女生，愿意在自行车上笑还是坐在宝马车里哭。当然选择者各有不同。事实上，这是个伪命题。因为从我们大众的认知和价值观来看，坐在自行车上的就一定会笑吗？或者坐在宝马车里的就一定会哭吗？当然不绝对。

有钱有爱的人，坐在宝马车里才会笑；在"贫贱夫妻百事哀"的情况下，坐在自行车上也一定会哭。真正的浪漫是坐腻了宝马车，可以选择骑自行车，穿行在花田草海。每天苦哈哈地蹬上自行车穿行在风里雨里挣着朝不保夕的钱，还嘲笑别人坐在宝马车里哭，这叫不切实际，是吃不着葡萄说葡萄酸。婚姻是非常现实的，不像谈恋爱的时候只想着诗和远方，组建了家庭才知道，所有的诗和远方都离不开碎银几两。

金钱是婚姻生活很实际的一个层面，走进婚姻意味着男女双方走向成熟，意味着昔日的孩子独立于这个社会。对于金钱和赚钱的态度不但让小两口儿对家庭更有责任感，更让他们懂得并学会运用一些必要的理财手段来稳定和壮大自己的家庭积蓄，增加小家庭自身的抗风险能力。

现在很流行一句网络俗语："钱不是万能的，但没有钱是万万不能的。"这话一点都没说错。在这个物质生活越来越优越的社会，想做点什么都离不开钱。如果一家子总是在需要用钱的时候才发现家里已经入不敷出，那一定觉得生活比别人过得艰辛。由此看来，一家人要想生活得更加无忧，很重要的一步就是要做好财富规划。只有在该用钱的时候不愁钱花，只有让自己家庭的小金库充盈起来，才能最大限度地保持家庭的稳固和平衡，才能在未来的婚姻生活中少一些争吵和困惑，多一份保障和安宁。

有了爱，有了钱，那么孩子也是一个美好婚姻必不可少的因素。当然随着社会的进步，人们的自主性提升，有不少夫妻选择丁克，这也无可厚非，只要夫妻双方乃至两个家族之间达成共识，丁克也是一种选择。但大部分家庭需要有一个孩子，孩子代表夫妻感情的升华。当原本没有血缘的两个人共同创造出一个流着彼此血液的孩子，那种感觉会非常奇妙。

孩子是父母爱的结晶，从出生到他（她）长大成人，父母参与了他（她）整个成长的过程，这是很有意义的一件事情。而且孩子会让夫妻两个人为了他而创造更好的生活，孩子也为这个家创造了乐趣和温馨。但是孩子对于婚姻的意义并不仅是带来快乐，也会给夫妻双方带来一定的压力：给男方带来经济压力，给女方带来精神压力。但有了孩子的压力也会让夫妻成为更强大的自己来共同抚养一个小生命长大。当然，在另一方面，孩子也是婚姻的"照妖镜"，能够照出婚姻的牢固程度。

如果是原本就充满危机的婚姻，孩子的到来不但解决不了问题，还会因为孩子的出生引爆很多矛盾，加快婚姻灭亡；如果是原本就相爱和谐的婚姻，孩子的到来会让两人的感情更加升华，对于这样的夫妻而言，孩子才是爱情的结晶。虽然养育孩子的过程中，难免会有分歧、矛盾，但是他们会用深厚的感情，去度过这一特殊阶段。当他们走过初期的不适，就会进入感情更稳定更深厚的阶段，这也便是孩子对婚姻最积极的意义。

要想让婚姻因为有了孩子而更加幸福美满，夫妻之间不仅仅要有爱，还要有钱。首先要有爱，有爱的话就有了一定的感情基础，即使面临有了孩子的压力，双方也能互相支撑。其次要有钱，否则面对孩子的来临增加的额外支出或者必须有一个人回归家庭照顾孩子，很容易产生更多的矛盾。

所以，当一个婚姻经过了爱、金钱和孩子的考验以后，还能平静如初或者变得更好，那么就可以说这个婚姻是牢靠的。夫妻双方要知道，孩子既可以是幸福婚姻的催化剂，也可以成为糟糕婚姻的替罪羊。婚姻质量是最关键的前提。

美好婚姻是最划算的投资

婚姻是一场投资：是感情投资，是岁月投资，是经济投资。投资成功，相伴到老惠及后代；投资失败，各奔东西甚至血本无归。有人投资成功，收获美满婚姻和幸福生活；有人投资失败，落得人财两空还外加心灵伤害。婚姻中的夫妻双方，一定是相互扶持、彼此爱护的，像合伙人经营公司一样，努力经营自己的婚姻，让彼此在这项人生最大的投资中获益。

婚姻的成功也取决于三点。第一，找个适合自己的人。第二，自己做一个有智慧的人。第三，不断学习婚恋知识，提升自己的婚姻爱情商。

有一个成功的男人给大家分享经验，说自己的确是把婚姻当成一项事业去投资。他是这样说的：我是经人介绍认识我老婆的，一见面就觉得她是一个非常平和的人，面相"旺夫"。经过一段时间接触，感觉两个人的生活理念相当契合，我就认定这个女人可以当老婆。结婚10年来，我的事业一直都不太顺利，除了两个人的工资外，家里的"外财"主要靠投资收入。但是有一年赶上了市场风险，投资亏损了很多。看着心爱的老婆和不满3岁的儿子，我觉得自己是全世界最没用的男人，因为我不能让自己的妻儿过上安定的生活。那时的我处于人生的最低谷，心情灰暗，觉得前途渺茫。

有一天，跟老婆聊天，我说："老婆，我对不起你，你嫁给我实在太委屈了，整天担惊受怕的。"我老婆平静地说："没事，老公，我相信你一定会再爬起来。万一不行的话，我就出去卖保险，赚的钱也能养活这个家。"很多年过去了，每次想起老婆的这句话，我都会感动不已。

在老婆的陪伴下，我走出了人生的低谷，再造了自己的挣钱能力。由此，我深切感到：我的婚姻才是我一生中最成功的一笔"投资"，是我挣到的最大一笔"财"，我要用一生的时间来"持有"。

婚姻是一项最容易又最困难的投资。说其容易，是因为不少人仅仅抓住一次机会就完成了婚姻大事，这一类善始善终的最为幸福的婚姻是很少见的。他们的秘诀是什么？在他们的结合中，不仅包含着互敬互谅，还包含了一定要婚姻美满的坚定的决心与信念。说其困难，是不少人把婚姻视为儿戏，草率地决定，不加以经营且随意破坏，导致的惩罚是离婚、精神痛苦，而且在大多数的时候更是存款金额的锐减。其精神上的痛苦，大部分是跟随婚姻的破裂接踵而来的、容易发作的、伴随着失败症候群的痛苦；若有子女的问题缠绕，这痛苦将倍增。

美国微软公司联合创始人比尔·盖茨曾说过，在选择伴侣上如果成功则意味着投资的成功，否则就会失败。比尔·盖茨在接受杨澜采访时，被问到一个问题："你一生中最聪明的决定是创建微软还是创建慈善机构？"比尔·盖茨回答，"都不是，最聪明的决定是跟一个合适的人结婚"。盖茨跟股神巴菲特都认为一生中最重要的决定是跟什么样的人结婚。

如果夫妻双方都把婚姻当成一个长线投资，投资前要慎重，投资后要努力学习投资知识，那么受益的一定是双方。

离婚对任何人都是挫折

有人说婚姻不合适的话，分开是解脱，离婚＝恢复自由；也有人说，离婚是一种生活方式而不是一种失败。看似这些说法都有道理，事实上，离婚对任何人都是人生的挫折，离婚没有赢家。不到万不得已不要轻易一拍两散。

著名心理学家大卫·R.霍金斯（David R. Hawkins）分析了各类情感的能量等级，从最负面、伤身的情感到最正面、滋润的情感，分值从0到1000。200以下为负面能量，包括羞愧、内疚、冷淡、悲伤、恐惧、欲望、愤怒、骄傲；200以上为正面能量，包括勇气、淡定、主动、宽容、明智、爱、喜悦、平和、开悟。离婚带来的能量必然包括所有负能量，离婚的阴影会伴随人很久，甚至有的人很难从离婚的负能量中解脱出来。

有个朋友，从开始闹离婚到办离婚证一年多时间，她根本不敢去面对这件事。家人朋友一直都认为她家庭幸福、感情很好，谁都不相信她会走到离婚那一步。用她的话说，自己为家付出了一切，却经历了离婚这件非常有挫败感的事情，她不甘心好好的家就这样散了，也不甘心一个家里的人从此各奔东西。再不甘心最终也还是离婚了。两年以后的朋友聚会上，她和前夫都参加了。他们让人有相同的感觉，原本容光焕发的两个人，都表现出了憔悴与老态。虽然碍于朋友的面子和之前的关系他们还会客气地打招呼，但明显十分不自然，既没有了亲密的感觉，又不是纯粹的陌生

人，而是那种互相受伤以后不再彼此信任的疏离感。

离婚后的生活会很难，不是因为夫妻双方觉得被人抛弃，而是因为那种感觉人生好失败的挫败感让人陷入精神上被打击得体无完肤的状态，甚至会让人陷入自我怀疑的受害者思维中不能自拔。这样的状态其实是一种真正的挫折，无论对男女都一样。

做心理咨询这么多年，我习惯从两个角度看问题。看待离婚，我认为有利有弊。其利在于：首先，能够结束纷争，创建新的生活，如果双方生活在纷争、痛苦和别扭中，不开心不幸福的话，离婚恰恰是对这种状态的终结；其次，能够摆脱痛苦，夫妻感情破裂后就会产生没完没了的纷争，天天上演是非恩怨，离婚能使一切成为过去；最后，经过一次离婚的挫折，相对来说能够积累一些经验，从而可以处理再婚以后的夫妻关系。

与这些利相比，其弊却更多。

第一，孩子会成为父母离婚的牺牲品。父母为了自己的孩子可以努力工作赚钱，供孩子上学，并且为其结婚买房子，不管花多少都在所不惜。一旦父母离婚，支撑孩子的柱子断了，孩子的地位、待遇、享受、接受家庭的教育等，立刻发生彻底变化。尽管离婚的父母仍然会疼爱自己的孩子，甚至孩子还会得到继父或者继母的疼爱，但谁也否认不了，父母离婚给孩子精神上的打击是巨大的。这些孩子普遍有一种被抛弃感。人们不难发现，父母离婚的孩子，违法犯罪被送入监狱的、离家出走的、流落社会的，要比正常家庭中成长的孩子多得多。

第二，离婚会给双方的父母带来打击，尤其会让父母跟着操心和忧虑。老人把子女的婚姻看得很重，觉得子女婚姻幸福自己脸上也会有光；如果子女离了婚，那么老人会为子女在生活上或下一步婚姻的处理上增添无限忧愁，有的甚至忧虑成疾。

第三，容易成为别人茶余饭后的谈资。"好事不出门，坏事传千里"，当你离婚后，身边的人总会在背后说三道四；更重要的是，即使选择再婚又怎么保证白头偕老呢？同时也无法保证能够百分之百地再婚成功。再婚的关系要比初婚的关系复杂得多，尤其有了继子女的情况下，非常难以处理好双方的关系。俗话说，"再婚配再婚，一张床上两条心"。如不行，再离婚，再结婚。这些问题也是很难处理的。

第四，离婚不但打击双方的信心，还会牵扯精力，影响工作和学习，给生活带来更多负面的影响。离婚是不幸的，虽然不是对所有人来说是挫败，但都是人生的挫折。人在恋爱、结婚的时候，就应该想到它，并且应当努力避免它的到来。

当然，不是所有的婚姻都能顺利地走下去，如果实在难以避免地走到了离婚这一步，最好把离婚造成的家庭损失以及带给亲人的损失降到最低。即使两个曾经相爱的人不再爱了，放彼此一条生路也是明智的。但处理好离婚后的关系尤为重要，就像有句话说的那样：我们不可能成为朋友，因为彼此伤害过；我们也不可能成为敌人，因为曾经相爱过。

婚姻是一辈子的事业，共同经营，彼此成就

人们形容夫妻之间是"十年修得同船渡，百年修得共枕眠"，可以想见两个原本陌生的人穿越茫茫人海，结成同盟，一起面对人生的喜乐悲欢，这是无比难得的缘分。

从社会角度来讲，婚姻就是两个互相合作的人，盖了一个大红戳，正式签字画押确定了合作关系，然后共同经营一项叫作"家庭"的事业。经营得好，那说明合伙得不错，至少两人是一伙的，夫妻同心，其利断金；经营得不好，最不济的那就是散伙儿，你走你的阳关道，我过我的独木桥；但是往往大部分婚姻是处于二者之间：拆伙，两人事事互相拆台，你有点生活热情的小火苗，我就一瓢凉水泼过去无情地浇灭。

婚姻就是一所大课堂，走进婚姻中的每个人都是学生，都得学习如何经营。在婚姻关系中，无论是谁，要想夫妻和乐相处，都得学着忍，学着让。如果没有忍让，不想受半点委屈，唯我独尊，只考虑自己的感受，这样的人，和谁过都不会幸福；谁和这样的人过日子，时间长了都会厌倦、疲惫，都想逃离。

婚姻不亚于合伙做事业。如果你只想着赚钱，却从来没考虑创业遇到的种种难题，那么未来失败的概率也更大。如果你认真考虑了这份事业的风险，与合伙人有良好的沟通，你们目标一致，那么即使将来遇到问题，也能及时解决，不至于让公司垮掉。

对婚姻的认知，很多时候双方都认为结婚就是成家，但是当双方去经营的时候往往不太清楚是在用一种什么样的方式来经营这个家，是独善其身的方式还是与同事相处的方式，是与朋友相处的模式还是与合伙人相处的模式。相处的方式不同，最终呈现的模式也不同。如果仅仅用完善自己的方式经营，那么就不会怎么考虑对方；如果是以朋友的关系相处，那么在相处的过程中就可以无话不谈；如果是以同事的关系相处，那么相处过程中有些话是不能说的。但经历过的人都明白，夫妻之间经营家庭既不像同事的关系，也不像朋友的关系，更多的是一种合伙人的关系，需要像对待合作伙伴那样友好又不失分寸地与另一半相处，至少要给予对方足够的关怀与体谅，还要互相影响、一起成长，才能把这份事业做得顺风顺水。

夫妻之间的共同愿景就是让这个家庭越来越和谐。在经营事业时，我们与合作伙伴也有一个共同的方向，就是让我们共同的那份事业越来越好。那我们是否也已经领悟到了：我们与另一半的相处模式就像与事业合作伙伴的相处模式一样，那个家就是我们的事业，孩子就是我们那份"事业"的"结果"！

一旦婚姻投资得当，你的事业也将随之迅速地达到高峰。现实中有一种说法就是：夫妻同心，其利断金。好的婚姻为事业添砖加瓦，是事业成功的助推剂。

当夫妻双方把婚姻当成事业来经营，往往在相互影响方面是彼此成就的。婚姻是把男女放在一个属于两个人的世界里，如何让这个小世界变得更加和谐而不是糟糕，双方一定要重视才行。就好像给你一块田地，你不去播下种子，如何收获？你播下了种子，却不去打理，那再好的庄稼最后也会荒草遍地。

婚姻也是一样，从个人角度来说，你需要在这份关系中扮演好自己的

角色，同时去爱对方，着眼于婚姻整体，想着如何把它变好。如果夫妻两个人都有这样的意识，那婚姻没有不幸福的道理。就像杨澜说的那样：好的婚姻，最终的状态就是你们之间除了爱，还有肝胆相照的义气、不离不弃的默契、共同孕育的成长以及铭心刻骨的恩情。夫妻结缘，除了生儿育女之外，最好的状态就是能够彼此成就！

第二章
一般家庭的共同难题

鸡零狗碎的生活压力

《吐槽大会》上段子手傅首尔有段话让人印象深刻,她说:"结婚以后去参加别人婚礼,才突然发现婚礼不是浪漫的,婚礼是悲壮的。童话般的婚礼,并不是让你走进童话,而是和童话告别,因为往后的人生都是平庸疲累的日子。"

吐槽的背后折射的是普通人真实的婚姻家庭问题。有一个很有意思的现象:如果走在大街上观察,可以看到青年情侣牵手,也可以看到老年夫妻牵手,唯独看不到结婚后的中年夫妻牵手。这样一个现象揭示了一个真实又残酷的事实:婚姻的两头是甜的,中间是苦涩不堪的。没有走入围城的情侣憧憬着美好的爱情,享受着甜蜜的恋爱;老年夫妻一起走过了风风雨雨像两个并肩穿越战场的战友,看到了生命的意义和美好,也明白了执子之手、白首不分离的可贵。而中年夫妻却更多的是被生活催逼的不易,为生存所累,被琐事搓磨,你低头赚钱连抬头看天的机会都没有,哪有时间牵手?所以,一般家庭的共同难题,首先就是生活中的鸡零狗碎带来的生存压力。

有一个女士说,自己特别在意爱情,谈恋爱的时候就铁了心要和心爱的人结婚,哪怕没有面包也心甘情愿。事实也的确遂她心愿,她和自己相恋了七年的大学同学结了婚。刚结婚的时候和老公无话不说,可是不知道从什么时候开始,两人渐渐变成了室友。话题越来越少,有时候想聊几句总是找不到话题。丈夫永远忙着加班，她是永远忙不完的家长，要照顾孩子，二人相处的时候越来越少，属于两个人的世界渐渐变得越来越窄，两个人好像活成了假面夫妻。婚姻的意义也从之前爱情的海誓山盟只剩下了一起努力挣钱养家养孩子。结婚七年，谈感情成了最奢侈的事，剩下的只有生存。

故事讲述的是大部分夫妻的状态。由于生活的压力增大，谈情说爱的心思减少，疲倦感往往占了上风，人一旦疲倦就特别容易生出一肚子怨气，会抱怨生活，抱怨配偶，抱怨孩子，甚至抱怨命运。

当抱怨开始的时候，夫妻双方的眼里就会看到一地鸡毛，全是麻烦，妻子会嫌丈夫没晾衣服、没扫地，丈夫会埋怨妻子做饭太迟、不会打理家务；妻子会说丈夫像大爷，丈夫会说妻子不会过日子……就这样吵多了，人就疲了，最后谁也懒得搭理谁。恋爱时的你侬我侬和对婚姻的满腔热情，都被平庸又疲倦的日子磨得不剩多少。

就像电视剧《三十而已》里钟晓芹在回忆起陈屿时说："生活中的鸡零狗碎，让人没了意思，没了光彩，从前不信是因为不明白，什么是鸡零狗碎？牙膏、猫毛、进门乱踢的鞋、堆在水池边的碗，生活就是鸡零狗碎，而不是游戏世界。其实变暗淡的不是婚姻，是人，就是这些鸡零狗碎才让人变得没意思。"

相信很多人在步入婚姻之前都有着童话般的梦想，女方以为婚姻就是灰姑娘嫁给了王子，白雪公主当上了王后，而现实却是干不完的家务活，男人不爱干净不做家务，婆婆还不理解，女人还要照顾孩子，起夜喂奶，无休无止地压榨自己的时间。衣服不会自己干净，地板不会自己利落，乱扔的玩具不会自己跑回玩具柜，晒干的衣服也不会自己跑进衣柜，诸如此类的琐事消磨了大部分时间，还要在有限的时间里陪孩子玩、讲故事、哄

睡……日子越过越糟心，生活越来越不如意。再看看日渐成为黄脸婆的自己，顿时又怨又气，却又不知道日子过成这样究竟该怪罪谁。于是一点点小事都能成为导火索，矛盾爆发，最后却往往是两败俱伤。

男方也是一样，原以为结了婚有了自己的家，就能高枕无忧，不像谈恋爱的时候处处要哄女朋友，约会还不能迟到，穿衣还得有个性品位。于是像个装了很久的孩子找到了归宿，放下了一切"伪装"，能在沙发上瘫着就不坐着，能在公司里假装加班就不愿意早回，能关在屋里打会儿游戏就不会主动帮着带娃，而且心里还十分振振有词地认为自己上了一天班挺累了，妻子应该体谅自己才对。再遇到两个家庭的生活磨合，婆媳关系不顺畅，天天妻子骂孩子闹男人，真是让人一个头两个大，觉得婚姻像是战场，自己是困兽，不但感受不到幸福与快乐，反而有一种想要逃跑的冲动。

正是这些生活压力磨平了夫妻之间你侬我侬的爱情。随着家庭建立的时间越来越长，工作的烦心、生活的无奈、车房、孩子上学，压力从来只是越来越多，需要的和想要的从来不曾得到满足。面对生活中这些无尽的鸡零狗碎，人人都很疲惫，没有人想多承担一点，没有人想做足所有的事，能偷闲则偷闲，都想做一些自己的事，找到一些属于自己的空间。随着最开始那一点相互的爱慕也在生活中被磨平，爱不爱还重要吗？为了生活琐事吵了一茬又一茬。正应了那句"相爱容易相处难"，婚后生活考验的是两个人解决问题的能力、处理事情的能力，以及面对压力如何缓解和彼此支持的能力。有能力的人在重压下渐渐挺过来变得强大，没有能力的人甚至会变得喜新厌旧。如果再缺乏责任感，有的人会选择出轨背叛，哪怕明知道是违反道德的事情，比起自己的轻松和欢愉，背叛家人的道义就会被抛在脑后，最终选择逃避，而不去积极解决婚姻的问题，导致婚姻暗藏危机，成了两个原本相爱的人不得不面对的难题。

父母与孩子的三角关系

生活中有不少三角关系，家庭里最常见的三角关系是爸爸、妈妈和孩子，或者是妻子、丈夫和婆婆。无论是父母与孩子还是夫妻与婆婆，这两种三角关系处理不好都会侵蚀家庭关系。尤其是父母与孩子，看似非常相爱的一家人往往最容易出现问题。当家庭不再和谐，矛盾频繁爆发，并将孩子牵扯进来时，三角关系诞生。很多人觉得只要没离婚，家庭就是完整的，就是对孩子好。然而事实并非如此，一个糟糕的家庭环境，有时候比离婚对孩子造成的伤害更大。

记得我在当小学老师的时候，发现班上一个小男孩的到校时间很有趣，他在每周一、三、五的早上都会很准时，而周二、周四却经常会迟到，有时候甚至直到上午十点多才到，这时，几乎已经上完两节课了。很明显，这个小男孩也不想迟到，每次在教室门口都是一副委屈得想哭的表情，而且因为缺课太多自然成绩也下降得厉害。后来，我找到家长了解原因，原来小男孩的父母这段时间在闹离婚而分居了。每周一、三、五由妈妈照顾，周二、周四由爸爸照顾。自然爸爸照顾得很糟糕，导致小男孩上学经常迟到，作业也丢三落四，孩子对学习的心理压力也越来越大。著名心理学家阿德勒说过："幸运的人一生都被童年治愈，不幸的人一生都在治愈童年。"家庭作为生命诞生的摇篮，在个体生命中占据着无法撼动的位置。试想，这个小男孩生活在如此动荡不安的家庭里，又怎么能够健康

自信地成长呢？

亲子之情同夫妻之情都是人类崇高的感情，前者有血缘纽带，后者有亲密的姻缘桥梁，两者可以互相渗透、促进。家庭成员之间融洽的关系，是孩子心理健康的重要基础。对于孩子来讲，父母就是他（她）的整个世界，是他（她）生活的楷模。如果孩子经常看到父母间的冲突，孩子会感到极大的不安与畏惧。

夫妻关系对孩子的成长远比我们想象中的影响更深远。好的夫妻关系帮助孩子顺利地实现性别认同，保持家庭成员之间的平衡与适度亲密，还会在孩子心里种下一颗叫作"幸福"的种子……有句意味深长的话说过：对孩子最好的爱，就是爸爸爱妈妈，妈妈爱爸爸，爸爸妈妈一起爱孩子。

一个在夫妻关系并不圆满的家庭中成长的孩子，往往从他的脸上就可以看出，这类孩子往往郁郁寡欢。也许有人问，孩子怎么会了解夫妻间的关系？其实，孩子很早就具有能感受来自四周刺激的敏锐头脑。在他身旁，父母若是每天争吵，结果将是很糟的。

父母与孩子形成的三角关系一般会有什么样的结果呢？

其一，夫妻＋孩子＝失去平衡。夫妻之间本来是平衡又和谐的，却因为孩子的出生而失去了平衡。在没有孩子之前夫妻关系很和谐，两人很幸福，孩子出生以后开始出现矛盾。

其二，夫妻＋孩子＝找回平衡。夫妻两个人由于带着各自原生家庭的影响彼此差异很大，一直矛盾不断，需要时间磨合，有了孩子以后把重心都放在了孩子身上反而缓和了夫妻之间的矛盾，所以有了孩子之后就找回了平衡。

其三，孩子长大＝失去平衡。孩子长大离开家以后，夫妻俩重新回到两人世界，矛盾重新凸显。

无论是以上哪一种结果，三角关系处理不好对夫妻关系和亲子关系都有负面影响。

我们看一个案例。

有一个上初中的男孩表现出了青春期孩子特有的叛逆，成天跟父亲对着干，有时候也跟母亲争吵，经常跟父母闹了情绪就彻夜不归，而且流露出了厌学甚至厌世的态度。这个叛逆少年把一家人逼向了崩溃的边缘，父母为他吵架，关系降到冰点。丈夫埋怨是妻子惯坏了孩子才导致孩子成了"逆子"。作为家庭主妇的妻子非常痛苦，夹在两个男性中间无法调停他们的矛盾自己还深受伤害，她平时只是围着丈夫和孩子没有自己的爱好、休闲，到头来还遭到孩子憎恨、丈夫疏远。每次家里上演的都是这样的情节：先是孩子不听话，然后丈夫生气，再然后孩子跟母亲也生气，最后孩子甩门而走，结果变成了夫妻之间的矛盾。妻子对丈夫抱有期待，希望丈夫管管无理的儿子，并且指责丈夫教子无方。但丈夫明知道孩子叛逆却依然选择站在儿子一边，认为是妻子无理取闹的时候多，不理解儿子和自己。儿子越来越反叛，到了夫妻俩都无法控制的时候，他们开始指责对方。丈夫认为妻子不理解他养家糊口需要承担多大的压力，还把问题怪罪于他的工作。当怒火燃烧起来，丈夫直接指出："其实是你自己有问题。"他认为妻子是不满足于做一名家庭主妇，所以才会对儿子百般挑剔，其实都是在宣泄自己的不满。而妻子认为丈夫是在逃避责任。他那么努力工作，其实是想逃离家庭的争吵而不是为了家庭着想。他的工作才是他老婆，而不是自己！最终的结果是一家三口陷入了互相伤害又互相制约的三角关系中，丈夫不理解妻子，妻子不理解孩子，孩子反过来又不理解父母。整个家庭关系变得十分糟糕。

在一个家里，人们普遍会陷入一个误区，注重亲子关系超越了夫妻关

系。殊不知，亲子关系是一个伪命题，夫妻关系才是影响亲子关系的重要因素。

大部分中国夫妻，在结婚三五年后剩下的就是亲情了。爸爸对孩子的妈妈，有时候漠不关心，有时候毫不留情地发泄情绪。也有一部分妈妈，孩子才是一切，在家庭排名上，往往把孩子放在首位，丈夫放在了其次。其实孩子对此看在眼里，记在心头，当他发现父母的感情并不融洽的时候，他要么变成调停父母的"和事佬"，要么变成想引起父母关注的"惹祸精"。不管孩子呈现的是哪种状态，都是在提示婚姻中的两个人出了问题。家庭是一个系统，夫妻关系才是家庭中最重要的关系，解决好两个人的问题，一个家庭才会正常运作，才会慢慢有爱的流动，让所有人享受到家庭生活的美好。

那么对于父母和孩子的三角关系，我们有哪些值得去思考的地方呢？

首先，家庭是一个系统，不管谁有了问题都是家庭的相处模式出了问题，而不单单是某一个人的问题。夫妻之间出现矛盾时，请不要先去指责和归罪，而是要停下来想想到底是家庭的哪个环节出了问题？问题不同，解决的方式不同。有时候看似是孩子的问题，实际是父母相处模式出了问题。

其次，让表面的问题成为治疗家庭深层问题的契机。很多家庭出现的问题往往是冰山一角，真正的问题被掩盖了。有的夫妻明明是自己没有处理好和原生家庭之间的问题，却把这些问题和不满转移给了新的家庭成员而不自知。发现这个问题会让我们感觉到痛苦，在原生家庭中没有解开的结，才会继续成为问题，干扰我们现在的生活。所以当我们在把第三人扯进两个人的关系中时，请冷静下来反观一下自己的成长经历，问一问自己想要的状态是什么。从自己的角度出发，去寻找那把解决问题的钥匙，可能会更容易。

最后，寻找自我认同，从自己入手解决问题。一个有足够安全感、内心自信的人，不会持续去要求伴侣做出改变。家庭问题犹如乱麻，剪不断，理还乱。将自己先抽离出来，把父母、子女甚至丈夫放一放，结束对他人的依赖，更容易理出头绪。所有家庭成员之间的对立与矛盾都源于缺乏爱，当彼此体验不到家庭成员之间情感的流动，自然就会心生怨怒。只有先对自己有明确的认同，先从自己入手解决问题，才能很容易地带动和影响其他人的改变。

家庭三角关系的形成，意味着两人的关系和第三者有关，且通常是为了减轻一开始双方关系的紧张。比如说，夫妻双方关系不好时，妈妈就把所有对爸爸的不满告诉孩子，孩子就会和妈妈一起攻击爸爸。对孩子来讲，一方面，他觉得自己帮助了妈妈，但另一方面也会觉得自己背叛了爸爸，甚至会莫名其妙地讨厌爸爸。这时家庭关系看起来好像是稳定了，父母之间不再吵架，却牺牲了孩子。三角关系中任何一个成员的行为，都是其他两个人行为的产物。爸妈吵架会让孩子无条件地认为我要帮助爸妈解决问题。但其实夫妻的问题不是孩子可以解决的。这时我们就要做一件事情——分化。当孩子成熟了之后，就要让孩子意识到，爸妈是爸妈，自己是自己。同时，先处理好夫妻之间的关系，再去关注孩子的问题。表面看是孩子的问题，实际是夫妻之间出了问题。当厘清这些关系的时候，才能正确处理一家人之间微妙又奇妙的关系，建立和谐的家庭互动模式。

遇事相互怪罪的恶性循环

有一句关于婚姻家庭的经典语录是这样讲的：家庭的幸福，不在于锦衣玉食，而在于不争对错；家庭的幸福，不在于阔气富有，而在于不轻易指责。最好的夫妻关系，是能互相体谅彼此的不容易。

人无完人，成为一家人的夫妻两人都有可能犯错，如果遇到对方的错误只顾着指责与埋怨，而不去顾及对方的感受，不去一起面对，那么问题不但得不到解决，还有可能会让原本不是问题的问题变成大问题。谁都愿意被鼓励被认可，责备的话会让对方先不顾对错，将两个人瞬间拉到对立面，爱的感觉便会消失。指责与埋怨不但解决不了问题，反而更容易激化矛盾。

心理学著作《错不在我》里说道："绝大多数夫妻离婚了，都是长期的累积所致，这样的夫妻都以滚雪球的方式责备对方并为自己辩护。夫妻双方总是盯着对方的差错，对自己的缺点、态度和行为方式则极力辩护。这样做恰恰会导致另一方固执己见，甚至寸步不让。"

有一个案例，一位女士向我陈述她快要被丈夫逼疯了，她觉得自己找的不是丈夫而是一个看什么都不顺眼的爹。做的饭他会说做得难吃，焖的米饭多了他会说尽让他吃剩饭，焖的米饭少了他又说不知道他饭量大，不够吃；开车的时候他会指责你说，你这样开不好，那样开得不对，你刹车踩得太用力了，油门给得太快了；带孩子的时候他会说你管孩子太细了，给孩子选衣服他又说太花了,买玩具他说花的钱太多,把孩子惯坏了……总之,在丈夫的眼里她是只有错没有对。他就是天生指责型人格,从来看不到别人的亮点,既不会鼓励人也不会夸奖人,只懂得一味拱火。

这个案例太典型了,大多数夫妻之间的矛盾往往不是什么大风大浪,更多的是小吵小闹,不是妻子总爱指责抱怨,就是丈夫不停唠叨,这样往往会让原本幸福平静的婚姻亮起红灯。

我们来分析一下为什么夫妻之间总会彼此责备和怪罪呢?

首先,对对方的期待过高。恋爱的时候往往容易发现对方的闪光点,即使对方真的有些缺点,也容易在心里美化对方。而结婚以后成了真正的一家人,彼此把最真实的一面展现给了对方,如果不能表现出足够的宽容与理解,就会互相指责。指责的心理层面其实是对对方抱有太高的期望造成的。亲密关系形成以后,人的内心往往不自觉地会呈现出幼年的那种心理需求,以为自己一哭闹就会有父母及时满足需求,在对对方的诉求中会觉得"如果你爱我,你就应该懂我,明白我的需求",而全然忘了对方也是这样的心理需求。所以,当我们和另一半相处时,不自觉地会把自己心里内在的小孩展现给对方看,希望伴侣可以照顾和安抚我们内心的那个小孩。还有妻子往往期望自己嫁的人是盖世英雄,既能赚钱养家,又能温柔浪漫、顾家爱家,丈夫期望自己娶的人既能上得厅堂又能下得厨房,还温柔如水、小鸟依人。一旦对方没有达到自己的期望值,便开始了不满和委屈,最后就演变成了不停的指责。

其次,把温和留给了陌生人,把脾气留给了最亲的人。夫妻之间从原来的不熟悉到最后同床共枕,因为彼此有爱才会变得肆无忌惮。当我们面对同事、朋友、同学的时候都能想到以礼相待,但对于身边最亲近的爱人却不一样。因为在对方身上获得了足够的安全感以后就会变得"迷之自

信"，认为自己无论怎样对方都不会离开，所以容易暴露自己的"丑态"。仗着对方对自己的爱所以把对方当成情绪的"发泄区"，以爱之名义伤害对方。可能有大部分人都认为指责是希望对方变得更好，但造成的后果往往适得其反。这其实也说明了另一个问题，夫妻之间也要学一些沟通艺术，一句话让人听了舒服是本事，一句话说得别人生气是笨蛋。会沟通的人能够站在对方的角度，去思考自己的言行哪里有不对的地方，然后再去指出对方的不足之处。这样对方也会更容易接受。

最后，为了争夺家庭关系的主导权，用指责"占上风"。一个家里往往很难做到夫唱妇随、举案齐眉，大部分夫妻关系呈现的都是一方占据高位，另一方居于低位的局面。这种局面的形成就会出现家庭内部的权力斗争，最直接的表现就是指责对方。其实那个满嘴指责别人的人是纸老虎，因为内心缺乏足够的安全感，表现在外面的才是"刻薄与计较""得理不饶人"的模样。真正的高手从来不动声色，在家里那个说话少的人往往更有力量和威严。指责和抱怨的话说得多，反而自掉身价。

无论属于哪一种原因，一旦家庭经常出现指责和抱怨，那么夫妻感情只会恶化而不会变好。因为从人性的弱点来看，人都是需要被温暖和被支持的，而不是被打压的。就像杨澜曾说的：在最无助和软弱的时候，在最沮丧和落魄的时候，有他托起你的下巴，扳直你的脊梁，命令你坚强，并陪伴你左右，共同承受命运。

网上有则新闻，某市某小区住户家中起火，火势蔓延迅速，虽然消防员竭力保住发生火灾的房子，没有造成人员伤亡，但屋里所有的家具都化为了灰烬。起火原因是该房屋女主人在用吹风机吹干孩子尿湿的裤子之后忘记了关掉吹风机的电源，扔下吹风机就去干别的事情了，结果导致吹风机吹得床头化纤抱枕受热自燃造成了火灾。这场火灾给这个家庭造成了不小的损失，但丈夫非但没有对妻子说一句责备的话，还搂着哭泣的妻子的肩膀说："都是你太累了才疏忽了，不就是一些家具嘛，咱们重新装修一下，这是老天爷让我们换新房呢。"这样一句安慰，对于刚刚经历一场大火，又损失了财产的妻子而言，弥足珍贵。

家庭不是论对错的地方，如果能将责备放下，不纠结对错，得理依然饶过对方，遇事学会心平气和地思考并一起努力解决问题，那么你就会慢慢发现曾经疲惫无趣的婚姻生活在逐渐焕发光彩。

三毛说过：偶尔抱怨一次人生可能是某种情感的宣泄，也无不可，但习惯性地抱怨而不谋求改变，便不是聪明的人了。在所有的关系中，抱怨和指责最伤感情也最伤人，往往会导致关系的恶化。无论是抱怨丈夫还是抱怨孩子，无论是抱怨老板还是抱怨下属，都会使自己陷入负能量的状态并且把这种负能量传导给对方。

心理学家说过："如果抱怨超过一个度，会让你积怨更深，压力更大。"心理对身体的影响超出了我们的想象，而不少人因为眼界跳不出困局，从而越陷越深，这样只会让负能量层层叠加。

所以，聪明的人会努力开拓视野，提升认知，充实自己，内在不较劲，外在不抱怨。

当我们想要抱怨让自己不满的人、事、物的时候，要做如下思考：

是不是因为我的原因，才能遇到这样的配偶？

是不是因为我的原因，才遇到这样的父母和孩子？

是不是因为我的原因，才遇到这样的朋友、上司、下属、其他人……

是不是因为我的原因，才遇到这样的人、事、物以及诸多的不如意？

只有自己开始思考，镜子才能从照别人转过来照自己。抱怨所遇到的一切时，应该找出自己对应的方面并改掉。

有句话说得特别好，外面没有别人只有我们自己。我们眼里看到的一切不如意的事物，都是自己的投射。怨谁都是怨自己，不满谁都是在不满自己。自己是什么样的，自己的世界就是什么样的。我们把自己想象成一个水晶球，外在的事物就是映在水晶球里的许多像，把这些像放大很多倍，就成了现实中自己身边的人、事、物，每一个人、每一件事，每一样拥有、遇到，都和水晶球里的一个像对应。我们只能苛求自己：苛求自己对家人、对爱人、对朋友，以及对身边所有的人都好一点，更好一点。当你找到了自己深藏已久的爱心，学会了欣赏和付出时，你自然就远离了苛求和抱怨。

爱一个人，应多给他鼓励与肯定，要多赞美他、肯定他，即使对方做错了什么，只要心是真诚的、动机是好的，就应该鼓励和肯定他。千万不要自作聪明地去伤害你爱着的人，爱人的快乐比什么都重要。夫妻应该本着彼此尊重、互相欣赏和宽容的原则相处。这样才能恩爱和睦，生活才能有滋有味。女人应如此，男人也不例外。

日渐疏离的夫妻关系

婚姻不是男女凑在一起就算夫妻，也不是去民政局领了证就真正成为一家人，夫妻是一对有共情能力的最熟悉的陌生人。

幸福的婚姻生活，是厨房里有烟火气息、客厅里有欢声笑语，是一言一行的温暖，是一蔬一饭的平淡，也是家人围坐炉火可亲的温馨。最好的婚姻状态不是你负责挣钱养家，我负责貌美如花，而是我们一起努力，你非常好，我也不差。我能理解你的辛苦，你也能懂我的不容易。你满心都是我，我满眼都是孩子，你是我和孩子的天，我和孩子是你的归宿。但这只能是很多人的理想，现实却是很多夫妻之间的感情就在柴米油盐、烦琐小事中渐渐淡漠。夫妻缘分走向淡薄可以用两个字形容："疏离。"

夫妻之间日渐疏离的关系往往表现在两个方面，一是身体上的疏离，二是精神上的冷漠。

身体上的疏离表现在夫妻之间没有了昔日的打情骂俏，也没有了经常牵手或者拥抱，甚至关系糟糕到有时候连看到对方都觉得厌烦。这种疏远感既有结婚多年以后出现的诸如"七年之痒，十年之痛"，也有彼此太过熟悉而缺乏新鲜感造成的婚姻疲惫，于是久而久之彼此相处就越发冷漠。身体疏远渐渐带来的就是精神上的冷漠，夫妻之间从不愿意交流变为家庭氛围死气沉沉，一方或双方会觉得对方做什么都引不起自己的兴趣，甚至还会觉得做什么都不太满意，甚至多说一句话都觉得疲惫和多余。精神上的冷漠是对婚姻最大的排斥，如果夫妻之间在一起和陌生人一样，这段婚姻其实就没有意义了。

有一个案例。

女主人公和老公结婚15年，孩子上初中后住校，两周才回家一次。孩子在家的时候夫妻俩的话题大部分都和孩子的学习有关，等到孩子离开家之后，两个人在一起时无话可说。妻子形容他们的关系都不如室友，好歹室友每天见面还打声招呼，下班回家还聊聊天。他们只有每周孩子回来那一天，能说几句话，还都和孩子有关。她试过主动下班回家做饭，结果她兴致勃勃地拍照发给老公，老公只回了两个字"加班"；她还试过给老公按摩，可刚碰到老公肩膀，老公便躲开了，还诧异地看了她一眼……老公没有出轨，他们之间也没有发生大的矛盾，但每天这样的生活就是在向

她泼冷水，在她原本想要温柔浪漫的内心上刻下冰冷的印痕。她用一句歌词形容彼此之间的关系：满腔诗意喂了狗，在一起成了两个行尸走肉。

很多夫妻就像这个案例中的主人公一样，走着走着夫妻关系就冷了。到底是什么原因造成了一个家庭出现这样的状况呢？一般不外乎以下几种情况。

一是没有及时处理问题，使问题发酵变成了更严重的问题。在夫妻相处的最初，不论妻子还是丈夫，如果一方强势，另一方过于忍让的话，总有一天会忍不下去。忍不下去的直接表现就是冷漠，要么回家沉默，要么干脆连家也不回了。还有一种形式是夫妻有了问题选择回避而不是解决，比如女方用回娘家或者选择和丈夫分房这样的处理方式来拉开距离，这时候夫妻间的相处模式就发生了变化。如果两个人这样相处的时间太长，并且没有沟通，这种模式一旦维持下来，就难以改变。丈夫习惯了被冷落，妻子也习惯了"独立"，就算有一天发现不对劲，改变起来也很困难。如果妻子回到娘家，丈母娘站在女儿的立场而不分青红皂白地指责女婿，或者是婆婆呵护儿子把责任推给儿媳，这些都会加深夫妻之间的矛盾并拉大彼此的距离。去解决这些问题的时候，不仅要考虑现实因素，也要考虑到两个人的感情。

二是情感疏离的直接源头来自彼此不肯饶恕。夫妻之间难免会出现问题，有一部分人会积极寻找沟通的渠道来将问题化解，但也有不少夫妻会选择不原谅、不饶恕，这样就会导致隔阂和距离感。犯错是平凡的，原谅才是超凡的。夫妻感情往往在对方的宽容与原谅中得到升华，也有利于矛盾的化解。

三是夫妻之间既无礼又无情。夫妻之间需要用心经营，如果一方对待另一方是粗心的话，时间久了对方就会因体验不到爱而委屈。如果一方对待另一方是不礼貌甚至不友善的，甚至对待对方的父母是不逊且不敬的话，那么很容易让对方内心产生裂痕。为了避免如此，每对夫妻都应该要定期检视自己对配偶的言行是否合宜。每个人对待配偶都应该要温柔、尊重、好好珍惜。

四是缺乏相处时间又不去积极维系夫妻关系。很多夫妻因为有工作要忙，尤其是那种聚少离多的工作，会让夫妻之间没有充足的相处时间，特别是当夫妻既要工作，又要照顾孩子的时候，就会缺少了以前两个人之间的那种浪漫。好的婚姻需要双方每周都有面对面的时间进行交谈，或者是一起做你们都有兴趣的事情。还有一部分男性，很自以为是地认为与配偶相处得不错，就不再像从前那么尽心尽力了：他会忘记妻子的生日、结婚纪念日，甚至在重要的日子都忘记送妻子礼物或表达爱意。这样慢慢地妻子的内心会觉得自己不再被需要，因而缩回到自己的小小世界中。

五是否认问题存在，隐藏矛盾。当双方的关系开始出现偏差时，很多夫妻都不愿意去正视这个问题，而且通常需要做出重大改变的一方，更拒绝承认问题。夫妻已经习惯于否认矛盾，要么就当好像什么也没有发生过，要么就以为没那么严重，这个问题会随着时间的推移而消逝。但是否认问题绝对不会使这个问题改正，反而会使婚姻的问题日渐恶化。夫妻之间有了问题不可怕，小问题及时解决才不会酝酿成大问题。只有把需要解决的问题提出来，才能解决。如果没有勇气把问题提出来，情感距离就会越拉越长。

有了以上几点，我们就要想想，夫妻之间产生疏离在所难免，我们需要知道的是，当夫妻间产生了疏离感该怎么办呢？

首先，要明白"疏离感"不是短时间内形成的，也不是一件事导致的，而是日积月累留下的问题。尤其是一件事发生却不去解决，时间久了

新问题又出现了，然后新伤旧账一起叠加，会让两个人感觉身心俱疲。如果想要解决问题、改善关系，要先有这样的心理预期。"冰冻三尺，非一日之寒"，恩爱的夫妻肯定是长时间互相的理解与关爱形成的，反之，不爱也是如此。

其次，想要改善夫妻之间的"疏离感"就要有耐心。尤其是关系已经非常糟糕的夫妻，想要重新亲密可以先进行一次沟通，告诉他你会变得更好，同时你会用行动证明给他看。那如果他看到了你的改变、你的付出，觉得还不错，他会考虑是不是可以给予一定的回应。然后，两个人一点一点一起去改变。对婚姻如果还充满期待就要对对方充满信心，相信先由自己的改变才能够带动对方的改变。

最后，要有面对最坏结果的打算，因为一对夫妻既可以亲密互动，也可以走到反目成仇，即使不反目也会在疏离的状态下再也回不到从前。不是所有夫妻的疏离都能够被消除，重新变得甜蜜。有些情况的确分开会更幸福。所以，如果你认为不值得，你也不愿意，或者他根本就是死性不改，你感到绝望疲惫，那么，好好爱自己，及时止损，放彼此一条生路或许会找到"柳暗花明又一村"的欣喜。夫妻一场不容易，在一起且行且珍惜，分开时彼此祝福，不失为明智之举。

剑拔弩张的亲子关系

在处理家庭关系方面我们有了一个共同的认知，亲子关系紧张的背后，根源一定是夫妻关系出现了问题。我们每一个人都渴望一个幸福完整的家庭，婚姻中绝大多数家庭不可避免的一个问题就是孩子。在两口之家多了一个小宝宝的时候，会出现很多问题，比如，新手爸妈不知道如何照顾孩子、抱怨对方不够关心孩子、因为教育孩子理念不同发生争执……

在这些问题的背后，有一种现象特别需要我们关注。就是当有了孩子以后，婚姻的一方把爱和关心都放在了孩子上面，夫妻关系越走越远，对对方的关心越来越少。孩子本来是婚姻和爱情的结晶，结果却成为两个人之间最大的障碍，给婚姻危机埋下了伏笔，同时也会给和谐的亲子关系埋下隐患。

夫妻两人如果不能把维护夫妻关系放在首要位置，就会出现争夺孩子的现象，比如妻子会把更多的爱（这份爱也可能是错爱或溺爱）给予孩子，从而对孩子的教育产生偏差。

与孩子走得太近的一方，又过于在意孩子的一切，对孩子可能造成包办和溺爱，同时对孩子抱有高期望、高要求，这都不利于孩子成长；并且会对疏远的一方产生不满，认为爱人不如自己在乎孩子，责备对方不够爱孩子，引发夫妻矛盾。

一旦出现偏差，丈夫就会觉得妻子的眼里和心里全是孩子而不是自己，这样就会有一种心理落差，从而把心渐渐从家中抽离。这也是一种非常可怕的恶性循环，妻子越不重视丈夫，丈夫越不重视家庭，最后家里无论是亲子关系还是夫妻关系都变得非常难以相处。

如果给家庭关系打分，很多父母可能打出这样的分数：对孩子的爱100分、对爱人60分、对自己40分，或者对孩子的爱100分、对自己60分、对爱人40分，等等。多数的父母都是把孩子放在第一位的，但是这正是家庭问题的隐患所在。

我们看一个案例。

晚上九点了，爸爸陪五岁的儿子在床上玩，妈妈过来对丈夫说："太晚了，该休息了。"孩子也对爸爸说："爸爸，你快回你的房间去睡吧，我要和妈妈睡觉觉了。"爸爸带着一丝不快对孩子说："臭儿子，你竟然轰你爸，还抢了我和妈妈的房间。"这个时候妈妈接话说："咋那么多事儿呢？赶紧去睡你的，别影响了孩子休息。"于是爸爸一脸不悦地离开了，没有跟妻子继续沟通。这样一个对话模式，给孩子形成一种感觉和印象，妈妈是只属于他的，而爸爸却被排斥在外。时间一长孩子成了习惯，夫妻之间为了孩子牺牲了两个人的私密空间，爸爸无形中就被排挤了出去。

这个案例是大多数家庭的缩影，孩子抢了"妈妈"，冷落了爸爸，但问题的根源是妻子根本没有意识到这个问题。时间长了以后，爸爸就会在对待妻子的态度和情感上出现一定的变化，这个变化一定是消极的。

还有一个案例。妻子在家属于那种逆来顺受型的，丈夫说什么就是什么，她很少有自主权。女儿十六岁了，她觉得女儿似乎完全遗传了丈夫的"坏毛病"，不但不体谅当妈妈的不易，而且什么事都不听她的。母女俩经常发生争吵，关系十分紧张，并且持续地吵架，剑拔弩张。女儿说，妈妈对她百般挑剔，她的房间、她的作业、她如何交朋友以及放学几点回家等妈妈都要管。她受不了，特别想离家出走。而妈妈则认为女儿不听话，不尊重她，总是违背她。母女俩相互控诉，爸爸却像个局外人一样从来不参与。母女俩特别痛苦，却苦于找不到解决问题的突破口。

事实上，这个案例中丈夫才是母女关系恶化的催化剂，因为丈夫在家里属于凡事不闻不问的状态，妻子借着与女儿的对抗来发泄对丈夫的不满。通过亲子关系的恶化来转移注意力，让他们逃避了夫妻问题。

不太会处理婚姻关系的父母，往往在亲子关系上也处理不好。都太重视自我感受的家庭成员，往往会把生活搞成闹剧。一个在吵闹中成长的孩子，可能只会用"折腾"的方法来解决问题。这个看似总是和母亲对抗的孩子，在她的成长过程中，也许从来没有看到父母是"建设性"地解决问题，而是彼此在沉默、在冷战，或在其他方面转移问题。

所以，在家庭关系中，夫妻关系一定要大于亲子关系，当我们高喊着"一切为了孩子"的时候，只有先修正夫妻关系，才是对孩子真正的好。

就情感来说，亲子情和夫妻情确实难有高低之分，另一半和孩子都是自己生命中最重要的人。也有人说，孩子只能陪你二十多年，而另一半却会陪你一辈子。夫妻关系应该摆在亲子关系之前。

首先，父母之间感情深厚，彼此深爱，这样幸福的家庭关系会给孩子带来安全感，对孩子的成长非常有利；其次，父母之间的相处方式和关系，会对孩子未来的婚姻观和家庭观产生深刻的影响，牢固的父母感情对于孩子是非常正面积极的示范，有助于孩子未来婚姻幸福；最后，夫妻关系在亲子关系之前，这样的家庭氛围不以孩子为中心，有助于培养孩子正常的心态，摆正自己的位置，不会太自我。

所以，爱孩子先从爱伴侣开始，夫妻双方相处时最好将对方视作彼此最好的朋友，而且有调查表明像朋友一样的夫妇幸福指数更高。因为朋友通常都是志同道合的人，即大家对事物的看法类似、价值观相似。

会"生"孩子，更要会"养育"孩子。如果只是生孩子，却没有亲自养育，父母与孩子之间就不可能建立起亲密关系，孩子也很难成为虔敬、正直的人。夫妻是家庭气氛的缔造者，是家庭稳定的维护者，是经济收入的创造者，是双方老人的赡养者，是孩子成长的教育者。夫妻关系不协调，其他一切关系都会受到影响。因此家庭和谐，要从夫妻关系说起。只有建立了和谐的夫妻关系，才能惠及亲子关系。

为人父母要谨记：在家庭氛围好的状态下长大的小孩很幸运。他见过

好的感情是什么样的，拥有对健康的爱的敏锐嗅觉，很容易就往正确的方向跑。而在凑合的夫妻关系下长大的孩子，不知道什么是好的，就要花很多力气去踢开那些糟糕的感情，要碰壁很多年，才知道哪条路是对的。

情感问题导致家庭成员幸福感缺失

幸福感，这个话题看起来似乎非常宏大，因为每一个人都可能有不一样的回答。但有一点是可以肯定的，拥有幸福感可以让人感觉到快乐。就像托尔斯泰在《安娜·卡列尼娜》中所言：幸福的家庭是相似的，不幸的家庭各有各的不幸。

很多人并没有感到幸福，反而觉得很"丧"。所谓"丧"这种感受就是在现实生活中，失去目标和希望，陷入颓废和绝望的泥沼而难以自拔地活着：他们漫无目的，蹒跚而行，没有情感，没有意识，没有约束，只能像行尸走肉一样麻木地生存下去。"丧"既是一种生活状态，也是一种心理状态。幸福感被"丧"来代替，是现代人的常态，而这种常态往往是由家庭情感停滞状态导致的。

家庭幸福感是每一个家庭成员内心渴望的情感需求，它能让每一个家庭成员内心得到满足，有获得感和归属感，分泌开心幸福的多巴胺，对每一个家庭成员都有积极正向的影响：情绪更加安定，工作更有动力，学习更加投入，人际更加和谐……一切都变得幸福美好。家是一个生命体，好的家庭就像天堂，每个成员都非常快乐。反之，如果家庭出现情感问题，则会影响家庭成员的幸福感。

一般家庭中出现的情感问题主要表现在三种关系上。

首先是夫妻之间的矛盾。两个人通过婚姻和法律的形式组建起来的小家庭就是夫妻关系的基本形式，然而在当代社会中这种依靠婚姻和法律形式组建的家庭却并不牢固，在各种来自内部与外部因素的冲击下，夫妻关系也总会受到各种各样的考验，最终婚姻也可能演变为"围城"。

其次是婆媳之间的矛盾。婆媳关系是家庭关系中最难相处的人际关系。俗话说"家家有本难念的经"，其中一本就是"婆媳经"。这其中不仅是两代人之间的代际差异问题，更多的还是一场明争暗斗的心理博弈，是家庭权力的交接问题。

最后是亲子之间的阶段性矛盾。亲子关系是家庭关系中最重要的组成部分，最常见的表现就是亲子关系在发展阶段上的适应困难，如有的父母在孩子处于婴幼儿阶段的时候能与孩子和谐共处，但孩子进入青春期后发现亲子之间的隔阂越来越深，甚至还可能出现亲子反目的情况。孩子青春期出现的逆反、自闭、网瘾、厌学、早恋等都是与亲子关系不良有直接关系的，这已不仅是家庭关系的问题，也是普遍存在的社会问题。

这三大家庭情感问题会让家庭成员产生不幸福的感受。

错位的家庭关系必然会导致家人之间无法和睦相处。我们经常说，家庭中最重要的关系应该是夫妻关系，其次是亲子关系，最后才涉及与上一辈老人之间的关系。

夫妻关系是一个家的核心，夫妻关系牢固，相对而言也不会产生太大的婆媳矛盾和亲子矛盾。反之，不论是婆媳之间的战争还是亲子之间的不和谐，其根源依然与夫妻关系脱不了干系。

那么，如何营造一个健康的家庭关系让多方受益呢？

首先，尊重每一个家庭成员。无论是对待配偶、老人还是孩子，都是

一家人，所以首先要学会尊重家里的每一个成员。夫妻之间互相关心，友好共处，这样孩子才能感受到家庭的温馨和快乐，同时老人也就很少来掺和。所有婆媳之间的战争都能归结到一点上，就是夫妻之间有了间隙，要么是让老人觉得不放心儿女的婚姻，要么就是老人想帮忙却好心帮了倒忙。如果夫妻之间既成熟又懂事又能把家经营好，老人就会乐得轻松，不会过多参与儿女的家庭。同时，对家庭成员的尊重也是给孩子最好的教育，教会了孩子如何去爱他人，培养孩子的良好品质，使他成为受欢迎的人。

其次，夫妻要学会承担责任和义务。作为夫妻一般都会面临上有老下有小的生活状态，对上不给老人添麻烦是责任和义务，对下给孩子当榜样也是责任和义务。夫妻有责任为孩子和老人营造良好的生活氛围，让他们能够在这样的家庭中感知幸福。夫妻不但要和孩子一起成长，还要影响自己家的老人变得更好，不断提高自身的修养，创建文明有爱的家庭。

最后，让家庭成员都学会担当。夫妻既是一个家的根基，又是一个家庭幸福的建筑师，要有意识地培养孩子成为有担当的人，也要有意识地让老人安享他们的生活而不互相掺和，更不能给老人的生活添负担。

一个幸福的家庭是多方努力的结果，所以，身为家里的成员，我们应该做到关心、沟通、团聚、宽容、和睦相处，我们要时刻去关心家里每一位成员的身体和心理的状况。如果发生什么事情，一家人应该勤沟通。我们还要拥有大度宽容的心，因为在生活中一家人难免会有相互磕碰的时候，所以我们要放宽心态，这样家庭中的一些琐事就会迎刃而解。

原生家庭的错误伤害孩子

有句形容原生家庭的话很扎心：一个家，就是一个人的宿命。每个人都无法选择自己出生在一个什么样的家庭、拥有什么样的父母，而在一个家庭中父母与子女之间的矛盾往往是不可避免的。现在有越来越多的人因为自己的不幸而控诉原生家庭给自己带来的伤害，而这种伤害往往不经过专业的治疗是难以治愈的。婚姻家庭的难题也表现在不经意间伤害了孩子。

凡是有关系的地方，就可能有伤害。父母与孩子的关系，也是人际关系中的一种，也有伤害。理想的父母，当然是给孩子足够的爱的父母，但显然这是一种理想的状态。现实中，很多人成长的家庭里，往往伤痕累累。原生家庭之所以伤害人，是因为原生家庭没有足够的爱。

心理学方面有这样的事例：一个男孩从小厌恶自己的父亲酗酒打母亲，他一边保护着母亲，一边却在十几岁的时候开始下意识地模仿父亲酗酒打架。

一个女孩子，从小看着父亲沉迷于摸虾捉鱼，宁愿把所有时间放在这些兴趣爱好上，也不愿意去为女儿赚钱交学费。作为女儿深深地不理解并且排斥着，可是她却在成年后找了个与父亲一样不承担的老公，他沉迷于种种兴趣爱好中，对孩子与家庭不管不问。

一个小男孩从小在母亲的唠叨谩骂中长大，一直觉得这样的女性让他

很难堪，结果事与愿违的是，等他长大却偏偏找了一个跟母亲极其相似的爱人。

是不是很奇怪？这些现象用逻辑无法说通。按理说，女孩不喜欢父亲的类型，一定要找一个与父亲相反的类型才是，为何最后还是找一个与父亲一样的老公呢？男孩不喜欢那样的母亲，为何却偏偏又找了一个跟母亲相似的爱人呢？

心理学上把这样的状态称为"强迫性重复"。这样做的原因，一方面，是我们从原生家庭中习得了这种相处模式，内化了父母给予我们的角色定位和性格特征；另一方面，是因我们潜意识里都渴望能够疗愈自身，于是我们会不自觉地回到过去的心理状态中，希望能够重新塑造和改变这种互动模式。

原生家庭对孩子的影响有三个层面：生理层面、行为层面和心理层面。生理层面的影响也就是基因遗传，比如脾气和神经类型有关，脾气会遗传。行为层面的影响就会表现出具体的模仿和习得，一个人一出生就在这样一个家庭，习惯了一种生活模式。比如，用争吵、打架的方式处理问题，或用民主、温和的方式处理问题，孩子们长大后就习惯用同样的方式解决问题，不会用别的。所以经常有这种情况，一个人从小受到爸爸的打骂和妈妈的指责，他很反感，发誓长大后不会用这种方式对待自己的孩子，但长大后他还是会这么做。心理层面的影响就是，早年创伤会让人一直难以走出"受害者的心理模式"，遇到问题会有意识地往原生家庭归因，实际深层的原因是他的内心没有被真正疗愈。

心理学研究早已证明：早期的生活经历，特别是原生家庭对个人性格起着至关重要的作用，对个人的生活会产生长期、深远的影响，甚至会决定个人的一生幸福。

比如，作家卡夫卡在《变形记》中就记载了他童年受到父亲影响，没有体验到家庭的幸福感。他是这样写信给父亲谈自己的感受的。

最亲爱的父亲：

你最近曾问我，我为什么说怕你。一如既往，我无言以对，这既是由于我怕你，也是因为要阐明我的畏惧，就得细数诸多琐事，我一下子根本说不全。

总结一下你对我的评价，可以看出，你虽然没有直说我品行不端或心术不正，但你指责我冷漠、疏远、忘恩负义。你这般指责我，仿佛这都是我的错，只要我洗心革面，事情就会大有改观，而你没有丝毫过错，即使有，也是错在对我太好了。

你的这一套描述我认为只有一点是正确的，即我也认为，我俩的疏远完全不是你的错。可这也完全不是我的错。……父亲，我总体上从未怀疑过你都是为我好……但我们之间有点不对头，造成这种局面的原因你也有份……

一天夜里，我老是哭哭啼啼地要水，绝对不是因为口渴，大概既是为了怄气，也是想解闷儿。你严厉警告了我好几次都没能奏效，于是，你一把将我拽出被窝，拎到阳台上，让我穿着睡衣，面向关着的门，一个人在那儿站了好久。

我并不是说这样做不对，当时为了让我安静下来，可能确实别无他法，我不过是想借这件事说明你的教育方法以及它对我的影响。从这以后，我确实变乖了，可我心里有了创伤。

要水喝这个举动虽然毫无意义，在我看来却也是理所当然的，然而是被拎出去，我无比惊骇，按自己的天性始终想不通这两者的关联。那之后

好几年，这种想象老折磨着我，我总觉得，这个巨人，我的父亲，终极法庭，会无缘无故地走来，半夜三更一把将我拽出被窝，拎到阳台上，在他面前我就是这么渺小。

卡夫卡因为心理带着原生家庭留下的痕迹，所以他的内心一直有这样的过节而无法释怀，就连他创作的小说中的主人公格里高尔变成一个大甲虫以后依然惧怕自己的父亲。可见，一个人在原生家庭受到的伤害如果不进行疗愈，往往会伴随其一生。

在大量的案例中会发现：一个人早年怎么被错误对待，他会用同样的方式再次错误地对待自己。

比如，一个人早年被否定，没有得到认同，他长大后也不会肯定自己，会用同样的方式一次次否定自己；一个人早年被忽视感受，他长大后也会忙于工作、忙于照顾别人，而委屈地忽视自己的感受；一个人早年被父母要求太多，不被尊重，他长大后又会强迫自己做很多不应该做的事，并不尊重自己的感受；早年没有被足够爱的人，长大的过程也没有被爱，这个人也就不会爱自己……

所以，父母不经意间给孩子创造的原生家庭，往往真的能够成为一个人一生的宿命，错的印记会让他内心永远留在阴影里。幸福的人，用童年治愈一生；不幸的人，用一生治愈童年。

第三章
夫妻之间的婚姻问题

从无话可谈到无爱可言

曾经对学员们做过一次调查:"什么样的夫妻状态最让人觉得难受?"大家纷纷表示那种谈不来的夫妻状态最麻烦。

夫妻之间最可怕的事情不是吵架,而是近在咫尺,却相对沉默无言。吵架表明两个人之间还有沟通交流的意愿,还认为对方可以被自己说服。但当两人之间连吵架的意愿都没有了,那该是多么可怕的事情。

夫妻之间最心酸的就是:开始时我们无话不说,到后来我们无话可说。就像作家刘震云说的那样:"一个人的孤独不是孤独,一个人找另一个人,一句话找另一句话,才是真正的孤独。"

很多夫妻因为相处的时间长了,所以渐渐地就没有了聊天的话题。两个人在一起的时候,也是大眼瞪小眼,根本没有什么话可以说,特别的尴尬。

如果是这种情况的话,那么就说明两个人之间的关系进入了一个瓶颈期,这种感觉会让人心生悲凉,这样的婚姻也容易出现问题。

我们看一个案例。

阿云觉得自己的婚姻出现了问题,主要原因是和丈夫出现了交流障碍。结婚五年了,以前两个人有说有笑的,一个电影一个笑话都能聊上半天,现在她说什么丈夫都表现出一副不耐烦的样子。比如说,平常丈夫最晚七点钟就会到家,结果阿云等到八点钟还不见丈夫回家,就打电话关心一下,是不是出什么事了?但等丈夫接通电话,他准会回道:"我难道还能死在外面了不成?"

周末在家里,阿云早早起来洗衣服,却怎么也找不到丈夫前一天换下来的衣服,随口对着躺在床上的丈夫问一句:"你昨天脱下来的袜子哪儿去了?"丈夫还挺生气地讽刺道:"在我手里。"然后还不忘数落一句,"就知道问问问,不知道找啊?"甚至在阿云表现出质疑的时候,不等她把话说完,丈夫就来一句"对对对,你说的都对,权当我没说",就这样把彼此沟通的路堵得死死的。阿云说之前他们不是这样的,不知道现在是哪里出了问题,导致两个人连正常的交流都变了味道。阿云发现了丈夫的变化以后自己也开始变了,也不再没话找话,于是两个人经常处于一种零交流状态。偶尔阿云想向丈夫抱怨自己辛苦委屈的时候,丈夫会说她矫情。再后来,不是阿云对丈夫无话可说了,而是她已经习惯了一个人默默承受,反正说了也等于没说,还只会被嘲讽。终于,结婚不到10年,两个人就变成了你过你的,我过我的,成了最熟悉的陌生人。

夫妻之间出现这种"无话可谈"的潜在问题就是"无爱可言"。两个真心相爱的人是不会把对方视为空气的,也不会将对方的话视为耳旁风的,而是会及时回应。因为夫妻之间的对话就是一种爱的表达,只有双方这条路是通畅的,爱才会在彼此之间流动,否则两个人的关系就会渐渐冰封。

婚姻中的孤独才是真正的孤独,最可悲的莫过于没人问你粥可温,也没有人与你立黄昏。原本应该是两个相爱的灵魂,后来变成了两个没有话语的躯体。

是什么原因导致夫妻之间出现这样的问题呢?

第一种原因:一方成长,另一方原地踏步。两个彼此能聊得来的人,

最主要的是三观要合，然后对事、对人的看法力求一致，哪怕不一致也要各有看法。如果一方一直在进步而另一方原地踏步甚至退步，两人的观念慢慢就有了差距。精神上没有共同成长，夫妻两个人没有随着婚姻共同进步，由于这种差距，使得夫妻渐行渐远，感觉不再是一个世界的人。最后是说了等于没说，反正起不到实际效果，慢慢也就懒得多费口舌了。

第二种原因：没有达到精神同步和彼此满足需求。随着婚姻的不断推进，自己和爱人之间的沟通就越来越难进行，没有共同语言成了两人之间一个看不见的隐患。为什么夫妻之间很难拥有共同语言？归根结底是两个人没有共同爱好。

著名的社会科学家米特针对近 500 名幸福夫妻调查研究，最后得出结论：共享每一件东西，包括某一种信仰，可以使人与人之间的关系更加密切。适应与分享爱人的嗜好和偏好，这是获得美满幸福婚姻的重要因素。夫妻之间贵在相互取暖，能够填满彼此精神上的空虚和需求，而没有交流，就只会导致精神上逐渐远离，然后尽显冷漠。这样的婚姻，其实早已到了苟延残喘的地步。

第三种原因：夫妻一方或双方缺乏共情能力。沟通的高手都是具备强大共情能力的人。世界上大部分的夫妻之间在处理关系上，无非是在"表达爱"或"索取爱"。如果一个人开始表达爱，另一个人也开始表达爱，那么爱就会越来越多。反之，一个人在索取，另一个人也在索取，就会进入索取爱的负面循环。沟通是表达渴望注意、渴望关注、渴望身体接触的心理需求，如果具备共情力的一方能够明白对方的需求而及时予以回应，那么被满足的一方就会收获幸福感，从而建立起更深的满足感与依赖，这样就会形成良性的互动。觉得"我说的话对方能懂""他说的话我也能够回应"，这样的才是高情商的夫妻。

夫妻之间的关系无非有两种：

一种是我安全、我信任，所以我平和、我接受、我理解、我包容；

另一种是我不够安全，不够相信自己，所以我防御，因为我不愿意接受我不好。

如果是第一种，那么即使有一方做了不符合自己心理预期的事情，大部分的人也会选择理解和包容，而不去指责或报怨；反之，如果一个人本身心理不安全，当对方有了一点点看似不算错误的错误，也会引起自己内在的那种不安全感，就会主动调出防御机制。

所以，当夫妻之间由原来的无话不谈变成了无话可谈，最需要做的不是问对方怎么了，而是要多问问自己怎么了，这样才有利于改变现状。

两极化对立及争吵白热化

在一档情感节目的录制现场，主持人问观众："结婚30年以上和伴侣没有吵过架的，请举手。"现场没有人举手。

主持人继续问："结婚10年以上没吵过架的举手。"现场有一位大姐举手了，主持人非常激动地走到大姐身边，问她不吵架的秘诀。问了多次，这位大姐都保持沉默。经坐在大姐旁边的观众提醒，大家才知道，那位举手的大姐压根儿就不会说话。

这是节目组有意安排的一段搞笑段子以活跃现场气氛，却告诉人们一个扎心的现实：结婚久了，只要是两个会说话的人，吵架一定会有的。

就像有位诗人说的那样，使人感到疲惫的不是远方的高山，而是鞋子里的一粒沙子，而夫妻之间的争吵就是漫长婚姻之路上硌脚的那粒沙子。

现实中夫妻吵架的场景特别常见，而且往往起因都不是什么大事，一件小事都能产生对立与争吵。比如，工作的丈夫只是想让妻子关一下灯以闭目养神让眼睛休息一下，结果开口不是说"老婆，能帮忙关一下灯吗？我眼睛不太舒服"，而是脱口而出"你开那么多灯干吗？就不知道考虑一下别人，我的眼睛难受死了"。听到这里，妻子一定也会心生不悦回怼："你就不能好好说话吗？你吼什么？眼睛难受了嘴也好使了。"本来只是一件小事，却让两个人瞬间站在了彼此的对立面。

又或者妻子本来只是想提醒丈夫：我很忙，你能不能帮忙照看一下孩子，但话到嘴边却成了："你就像个大爷一样吗？怎么就不知道管管孩子呢？这个家要你有什么用？"丈夫听到这里肯定会生气，也会出言不逊："你每天在家干什么呢？带孩子有那么累吗？凶巴巴的样子好像谁欠你一样。"所以，每个人都有脾气、怨气、火气，一句话说不对，或许就会引发一场大的争吵。明明同在一个屋檐下需要表现出合作的态度，却偏偏表现出对立的态度。

你有来言我有去语，两人不断拱火是夫妻之间吵架的常态。夫妻在一起吵架，最痛苦的其实并非他们两人，而是在一边亲眼见证了这场争吵的"第三者"，比如孩子。

每一个孩子的内心，都藏着一份对这个世界的美好，还有人与人之间的信任。而夫妻在吵架的时候，他们的歇斯底里和极端反应往往会直接伤害到孩子，影响到孩子，甚至有可能直接扭曲孩子的性格。

有人要问了，为什么又总是避免不了吵架呢？

那是因为两人的关系不只是两人的关系，更是两个独立的人之间的交流。有关系，就意味着有感情，有期待，有情绪，但也有不同的认知和态度。每个人都希望别人能理解自己，按照自己的想法行动，但是有谁又愿意委屈自己，按照别人的想法去行动呢？所以矛盾必不可少，吵架又是最直接的施压办法，如果情绪上能让对方妥协，就省去很多解释。

比如，一对夫妻，有一天丈夫回来晚了，妻子就对先生说，为什么常常这么晚回来？光这句简单的话就可能引起两个人之间的战争。为什么呢？因为在先生看来，我没有常常晚，一个礼拜七天里我顶多晚回来一天。先生会埋怨：你为什么其他六天都不看呢？就专门看到晚回来的这一天？但是对太太来讲，先生晚回来的那个行为真的引发了她痛苦的感受，她觉得丈夫回家晚这个痛的感觉是千真万确的。但是先生觉得他为准时回家所做的努力被漠视的感受也是很真实的。所以，夫妻吵架不是问题，能通过吵架发现彼此真正情绪背后的心理需求，才是关键。

如果能够体察到吵架背后的真实需求的话，那么吵架反而利于问题的解决，这属于好的吵架。但是大部分的夫妻吵架都是不好的吵架，也就是伤感情的吵架，把吵架当成了一种伤害。

夫妻争吵时，双方一定都处于最愤怒的状态中，而人在愤怒的时候，很容易做出一些极端的行为。然后任由愤怒侵占理智，从而做出一些伤害对方的事情，说出一些伤害对方的话语。人在愤怒的时候，不会检讨自己的所为，也很少去照顾对方的感受，那个时候的人们都是自私的，都只会想着为自己辩解，为自己的立场说话。甚至在潜意识当中，都会想着如何才能让自己在这场争吵当中获得胜利。而这个时候，不管是故意还是无意，伤害其实在无形之中就已经产生了。都说"良言一句三冬暖，恶语伤人六月寒"。身体的伤疤可以愈合，可存留在精神上的伤害，那将会是一辈子的印痕，难以消除，时间一长因为吵架累积下的伤害就会让感情也随着破裂了。

那么，夫妻吵架的动因都有哪些呢？

第一，只看到自己的不易，看不到对方的难处。往往丈夫觉得自己不被妻子理解，妻子觉得丈夫不够体贴，所以都只顾埋怨对方对自己不够好，而没有看到对方背负的压力和不易。丈夫觉得辛苦赚钱养家，在公司要受领导的气，要受同事的排挤，要受客户的刁难，要受市场的影响，回到家还看不到妻子的一副好脸色，还听不到妻子的安慰与理解，所以一旦听到妻子抱怨或指责一定会把原本积压在心里的情绪一股脑儿倒出来变成伤人的话。同样，妻子觉得我在家操持家务，照顾老人和小孩，孩子那么小，一不小心就生病什么的，没日没夜地操心，精神高度紧张，你不体贴我的累，回家还想像大爷一样等着伺候，一点家务都不帮忙，对这个家一点心思都没有。如果丈夫要再打个游戏放松一下的话，妻子更是气不打一处来，会觉得男人简直就是不可理喻，所以说话的时候也就失去了该有的理智，变成了指责甚至是谩骂。夫妻双方看不到对方的压力，也体会不到对方的痛苦，只顾埋怨对方对自己不够好，难免就会吵架。

第二，不会换位思考。同样的一个数字，站的角度不同，有的人会看成是9，有的人看到的却是6。事实上双方都没有错，这也是夫妻吵架的第二个原因，看问题总是站在自己的角度，不懂换位思考，尤其在配偶面前更是认死理绝不妥协。比如在对待双方父母身上，妻子总觉得丈夫对他的父母比对自己的父母好，而丈夫也有这样的错觉，认为妻子对她娘家的人很在乎，对自己的父母就不太敬重。于是矛盾就来了，其实本质上两个人都没有错，只是因为站在自己角度看问题的人，看不到对方的出发点，也看不到对方的压力和痛苦。而且夫妻之间老是这样，看问题不在一个角度，就会经常发生争吵，严重影响生活质量和夫妻感情。

第三，看待问题过于片面。夫妻之间只看到对方不好的一面，而看不到对方努力的一面，或是看不到对方之所以这样的前因后果。

许多夫妻在婚姻中也是看问题不全面，看到一面就以偏概全，错误地判断事实。

比如，夫妻最容易产生误会的就是怕婚姻出现第三者或有一方发生暧昧关系。如果妻子看到丈夫送一个女同事回家，就可能不分青红皂白，质疑丈夫为什么要背着她搞婚外情。而事实上是女同事生病了，公司安排丈夫开车跟另一位女同事送这位女同事上医院看病并送回家，而那一个女同事半途离家近就下车了，剩下她丈夫和生病的女同事在车上，恰恰被妻子撞到。

懂得完整看待问题的夫妻，会心平气和地沟通，就自己的所见所闻表达意见，并征求对方的意见，以免因自己看待问题片面，而做出错误的判断和决定。而现实中发生争吵的夫妻往往很难做到全面地看问题，常常根据自己的判断，片面化、想当然地扩大想象范围，从而导致矛盾的产生。

夫妻如果能就事论事进行争吵，我想是健康的，因为可以从彼此的发声中找到两个人共同的问题。但不可用侮辱性的言辞，更不能连上对方的祖宗八代，这样就会发展成暴力事件：由言语暴力上升为肢体暴力，这对于两性相处是极其有害的。

夫妻间为钱引发的纷争

这是一个价值观多元化的社会，有的人注重精神享受，有的人注重物质欲望，但无论社会怎样发展，夫妻过哪一种生活方式，都离不开基本的

生存之道，那就是每天开门七件事：柴米油盐酱醋茶。而这些必需品都建立在"钱"的基础上。虽然夫妻在组建一个家庭的时候因爱结婚的占大多数，奔着"钱"去的不太多，但即使再恩爱的夫妻也要面对婚后的烟火生活，他们面对的90%的事情都和钱有关。比如，在哪儿买房、做什么样的工作、到哪儿旅游、怎么抚养小孩，所有这些婚姻中要考虑的问题，不光是由两人的感情决定的，更多的是由钱决定的。说得极端一点，如果夫妻两人解决了钱的问题，也就无须担心婚姻会发生问题。

有研究表明，中国婚姻里因财产纠纷闹离婚的，仅次于"性格不合"的离婚率。美国MONEY杂志调查发现："在25岁以上的已婚人群中，引发夫妻吵架最大的诱因是金钱。"夫妻不仅是情感共同体，还是经济共同体。因此，无论家境是富裕还是贫苦，夫妻都会常常因金钱而产生冲突。

可见，钱这件事解决不好真的很伤感情。

法庭上互不相让只为钱；分手后孩子抚养问题争执不下只为钱；"贫贱夫妻百事哀"，也是因为钱……诸多事实证明，钱不是"王八蛋"，而一个家庭缺钱才是造成夫妻婚姻问题的"王八蛋"。

也许有人要说了，生活不只眼前的苟且，还有诗和远方。没错，说得很好，但没钱拿什么实现诗和远方？

夫妻过日子就更是这样了，当隔壁老王带着太太开着自己的小轿车游山玩水的时候，你也许因为缺钱的危机，正纠结着要不要少给孩子报一个辅导班，要不要放弃刚刚看上的一件心仪好久的时尚大衣。遇到节日，别人手捧999朵玫瑰，你还在犹豫着要不要买花的时候，生活就只剩下算计而少了诗意和浪漫，还哪来的远方呢？

我们看一个案例。

阿丽与丈夫结婚十多年，两人共同打拼，工资也相差无几，家里买房、买车的开销一般都共同出钱，原本相安无事。可问题却出在了孩子出生的第二年，阿丽由于不放心老人带孩子于是成了全职妈妈。前两年丈夫一个人的收入供着三口人的生活还算顺利，但随着妻子收入消失，孩子渐渐需要更多花销的时候，丈夫明显感到了压力。每次下班回到家里丈夫脸上的笑容渐渐少了，言语中也或多或少带着一些牢骚与不满。阿丽其实明白丈夫的压力，于是把当年父母给的嫁妆钱取出来贴补家用。等到孩子上了幼儿园以后，丈夫特别希望阿丽也像其他妈妈一样尽快融入职场，可是阿丽试着找了一段时间的工作发现自己带娃三年有些跟不上社会节奏，找了几次工作都碰壁了。回到家原本想着让丈夫安慰一下自己，没想到丈夫说的话十分难听："别的女人也当妈，也生娃，却都能不耽误工作，你怎么生了个孩子就变成了家庭主妇呢？"阿丽本身也属于争强好胜的性格，多少个默默早起的早晨，多少个疲累无力的夜晚，多少次带孩子的辛苦与操持家务的无奈，她都选择了自己承受，没想到因为自己三年不上班丈夫竟然把自己当成了"废物"。于是她把积压了许久的情绪都发泄了出来，两个人终于因为经济的压力而互相"撕破脸皮"。原本还算幸福的家庭"硝烟四起"，纷争闹到"疮痍满目"。

没有钱的婚姻生活，能让一个对婚姻充满期待的女孩变成一个整日唠叨的怨妇，也能让一个脾气温和的男人变得暴躁消极甚至开始想些歪门邪道。这一切，不仅源于婚姻中的"没钱"，更源于没钱引发的压力和想要逃避责任的人性弱点。

我还曾经接待过一位因为丈夫太抠门而要离婚的妻子。她是某学校的小学老师，老公是做生意的，生活虽不是大富大贵但也过得不错。她来咨询时，唯一诉求是希望尽快摆脱让她感觉心寒的丈夫。

在沟通中了解到，她老公是个不折不扣的"凤凰男"，从小吃了很多

苦,现在虽然富了,仍改不了"抠门"的习性。每个月的工资和奖金都自己把控着,生活中不仅一分钱不给妻子花,还说她大手大脚,处处限制她花钱。光是因为谁花钱、花多花少的事儿,这些年没少打仗。妻子说跟他很多年一起白过了,从来没有收到过他买的花,也从来没有跟着他出去旅游。别人看到的是他赚得不少,但我觉得他是一个可怜的"吝啬鬼"。很多人羡慕我的生活,却不知道我饱受了多大的精神折磨!

从以上两个案例中我们发现:一种情况是家庭一方有收入一方没有收入会无形中埋下因为钱而产生矛盾的隐患。虽然全职妈妈非常辛苦,对一个家付出的隐性价值远远超过一个丈夫为家带来的显性价值(挣钱回来),却因为没有经济收入而显得非常被动。另一种情况是一个家里丈夫或妻子赚的钱从来不愿意奉献,不愿意给对方多花,这也是婚姻的雷。常言说得好,衡量一个男人对女人的爱不要看他赚多少钱,而是要看他给妻子花多少钱。挣一百万的人给妻子花一万都心疼,绝对比不上那个赚五千给妻子花四千的人更爱妻子,更爱一个家。

所以,钱是爱的基础,也是婚姻牢固的保障,钱财无忧才有诗和远方。永远不要让家庭陷入财政赤字,那样的话,危及的何止是想要花钱的欲望,更会危及努力经营婚姻的决心和信心。

权力斗争,彼此控制

在《亲密关系》一书中,作者提到一个"月晕"现象。这种现象指的是不实在的光彩使人分心,从而导致人看不到真正的光源。

当我们愿意和一个人建立亲密关系时，是因为被他身上的特质所吸引，觉的他是自己一直寻找的"梦中情人"或者"灵魂伴侣"，甚至对他产生高期望。但实际上，我们愿意与一个人建立起亲密关系，因为他满足我们的内心的需求感并且对他产生了高期待。心理学家阿德勒说过："追求归属感和价值感是孩子行为的首要目的。"

我们每个人在亲密关系中，都渴望得到归属感和价值感，希望自己能被伴侣关心和在乎，需要对方满足自己的情感需求。如果伴侣没有达到我们的期望，比如忙于工作常常忘记哄自己开心，便会觉得对方已经不再爱自己。于是，人们往往会通过吵架的方式进行情绪的索求。而吵架的背后往往是夫妻间的权力斗争在作怪。在婚姻中，权力斗争是双方都想在亲密关系中占据制高点，掌握主动权，显示自己的重要性。每个人都不希望被控制，夫妻之间更是如此，一旦家庭出现了权力之争或彼此有了控制对方的苗头，往往预示着婚姻会出问题。

幸福的家庭都有一个共同点，那就是：家里没有控制欲很强的人。再亲近的人之间，也要有界限感。知道哪些事是自己的，哪些事是别人的，从而守住自己的界限，不侵犯别人的界限。中国家庭关系之所以矛盾纷起，往往就是因为彼此间缺少这种界限感——把自己的意愿强加于人，强行跨入他人的界限，或者希望通过自己去操控别人。

我们看一个案例。

小忠和妻子结婚快五年了，但小忠总是觉得老丈人瞧不上他，原因是他的学历只有中专，而妻子是研究生。老丈人一直认为自己的高才生女儿下嫁了，所以觉得亏。而且妻子是独生女，为了妻子，小忠选择在离老丈人家近的小区买了房。孩子出生以后妻子说怕跟婆婆处不好关系，于是小忠又听从了妻子的意见让丈母娘带孩子。每到过节，小忠的父母也特别希

望儿子能够带着孙子来家过节,可是每次妻子都以各种理由让小忠没能满足父母的心愿,甚至好几个春节都选择在丈母娘家过,为此小忠心里一直觉得愧对父母。

有一次母亲节正好赶上小忠母亲生日,小忠提前好几天就向妻子吹耳边风,说这次一定得回去看看母亲,也让母亲感受一下被儿子和大孙子陪着过生日的幸福。

到了母亲节前一天,小忠再次提醒妻子:"明天咱们早点到,礼物我都买好了,能见到大孙子,我妈一定乐坏了!"妻子却很不满:"那我妈怎么办?平时我爸妈带孩子多辛苦,母亲节一大早不去看他们,不行!"

明知是妻子反悔在先,但小忠还是哄道:"中午吃完饭就回来,好不好?"妻子忍受着十二分的不愿意,只好去了。见完爷爷奶奶以后,孩子回来跟妈妈说:"妈妈,爷爷奶奶真好,我还想去奶奶家。"听儿子说这话,妻子很生气:"姥姥姥爷对你多好啊,你个小没良心的!"

小忠听到这里,心里十分不舒服,就冲着妻子说:"你怎么这么说话呢?小孩子说的都是心里话,哪是什么有良心没良心呢?"

妻子当着孩子的面,指着小忠的鼻子高声骂道:"你是孝子,你妈的生日你咋不送一套房呢?干吗让我儿子去?现在我看你要反了,谁给你这样的权力?"

"你儿子?难道不是我儿子吗?不是我妈的孙子吗?我看你是权力瘾犯了,对错也不分了。"小忠也不示弱。

就这样,孩子吓哭了,夫妻两人吵了好久。

从此以后,小忠也有了改变,不再像仆人一样任由妻子这样的"女王"指来使去,有时候自己接了儿子就直接回了父母家。遇到过节,妻子赌气不去公婆家,小忠就自己带着孩子去。于是,两个人的矛盾越来越多，为此两人吵架无数。妻子见丈夫不受自己控制，就开始拉拢儿子，经常问："你是喜欢妈妈还是喜欢爸爸呢？"儿子如果说喜欢爸爸，妻子就会说："你爸爸有什么好的，天天欺负妈妈，还不爱妈妈。"而且有意无意引导孩子不要去爷爷奶奶家。

小忠越来越觉得妻子过分，于是终于把一句藏了很久的不满说了出来："你要是再这样，你可以走，把孩子给我留下。"原本幸福甜蜜的一对，天天都是吵吵吵，彼此心里都有了阴影。

在我看来，好的家庭氛围是能给人温暖和力量的地方，而不是一个控制与被控制的地方。

一个家庭如果有控制欲强的人或控制的状态多，那么就证明理解的状态少。一个缺乏理解的家庭就不可能有包容和体谅，当然爱也就会相对匮乏。在一个缺爱的家庭中成长起来的孩子，或多或少会出现一些问题，有的问题很早显现，有的问题晚一些显现。

当家庭中的夫妻两人经常为一些鸡毛蒜皮的事，当着孩子的面吵翻天，或者一方总想要控制对方以期让对方妥协，那就是在用敌对、争吵给孩子树立了一个攻击性行为的坏榜样。

所以，不控制任何人，哪怕是以爱的名义。一旦产生了控制的欲望和行为，事实上已经没有了"爱"。爱就是爱，爱是理解和包容，是体谅和心疼，不是控制。

背叛婚姻带来的互相伤害

如果说夫妻间没什么沟通欲望或因为各种矛盾争吵属于感情障碍，就像司机开车偶尔有一点剐蹭的话，那么背叛婚姻则是感情里的重大事故，搞不好就会出现"车毁人亡"的后果。

婚姻在没有发生背叛的时候，两个人的亲密关系是没有隔离的，属于一个整体，是虽然没有血缘却超越了血缘的那种纽带关系，彼此透明没有什么隐藏和避讳。但是，背叛发生以后，这样的相处无意间被瞬间彻底打破了。如果没有背叛，很多人这辈子是幸福的，即使不怎么幸福，起码也是完整而没什么缺憾的；而有了背叛，很多人这辈子就陷入了痛苦，而且是永远都无法解脱的痛苦。哪怕选择分开也会因为受到背叛的伤害，短时间内根本无法释怀。因为背叛意味着失去了忠诚，而忠诚是婚姻幸福不可缺失的最主要部分。

背叛婚姻不分男女，随着社会的发展，原本男性背叛婚姻的概率大，慢慢变得男性和女性背叛婚姻的概率一样大。无论是哪一方先背叛了婚姻，对于夫妻两人来说都是致命的打击和创伤。无论是明星们的出轨和劈腿新闻，还是普通人的第三者插足，这样的事发生在别人身上是故事，一旦发生在自己身上就是事故，大部分夫妻都会以离婚或反目走上法庭为最终结局。

外遇，是当下影响婚姻幸福的一个非常重要的因素。有人说过，遭遇配偶出轨的背叛就像掉在厕所里的钱，捡起来恶心，不捡可惜。更重要的还有一点，婚姻被背叛以后很多人会陷入深深的自我否定状态中，同时对原本的自我价值产生怀疑，也不再相信有美好的感情和值得相处的关系。这些打击往往会伴随一个人或双方很长时间。

我们看两个案例。

小陈和小美结婚后，日子倒也平静和美。小陈是公司职员，收入中等，没有房贷压力。他属于老实木讷型的人，他知道妻子爱美、喜欢浪漫，但他却不太会表达，在妻子过生日或结婚纪念日也不懂得营造仪式感。而小美人聪明又漂亮，并且是一家大型上市公司的总经理助理。跟着老总出差、谈判，日久越发觉得自己的爱人哪儿都比不上自己的上司，于是一枝红杏悄悄伸出了墙外。终于，在一次出差的时候，小美跑偏了。起初，小美在自己的丈夫面前还能装一装，时间一久，情况就变了。小美买名牌包包、高级化妆品，偶尔会带着大捧的玫瑰花回来，甚至连平时对自己不设防的手机也改成了指纹加密。谁说男人没有第六感呢？小陈觉得小美有了问题。在一次接妻子下班的途中，他亲睹了妻子坐在老板的车里，两个人正在亲热。小陈虽然没有多少钱，但是有自尊。发现事情已经到了这一步，他没有责问妻子，也没有酗酒闹事儿，而是平静地跟妻子协议离婚了。

这个案例是妻子背叛婚姻的，再看一个丈夫出轨的案例。

A女士是一个创业者，为了把自己经营的化妆品公司扩大规模，天天非常拼，丈夫也经常来公司帮忙。由于公司年轻女职员特别多，而且都是妙龄女子，丈夫来的次数多，与她们接触多了，不免春心荡漾。而只顾忙事业的A女士根本没有察觉，直到带领全公司进行团建的时候，她才发现丈夫与自己公司的行政人员搞到了一起。当丈夫信誓旦旦地向她保证只是

酒后失态犯了错时，她忍着内心巨大的伤痛和为了公司声誉选择了没有追究，只是把行政人员开除了。她以为丈夫仅仅是好奇和一时酒后冲动，所以被出轨后非常痛苦地选择了不予追究。但丈夫并没有变好，而是背着她又偷偷去约会被开除的行政人员。痛苦的 A 女士因为"后院起火"波及了自己的事业，她无心经营公司，原本准备扩张投资的资金也没有盈利，每天盘旋在脑子里的就是丈夫的背叛与婚姻是否能够继续的折磨。原本爽朗自信的 A 女士像变了一个人，酗酒，发情绪，跟化妆品工程师争吵，眼睁睁地把一家非常红火的化妆品公司经营得像她的婚姻一样支离破碎。

通过以上两个案例我们不难发现，夫妻双方只要有一方出现外遇，婚姻能够走下去的可能性都微乎其微。要么会伤了痛了选择结束；要么忍着痛继续，却再也不会回到从前。

虽然出轨是对婚姻最大的威胁和伤害，却是个人的行为，就算是夫妻之间，也做不到谁能真正管得住谁，因为每个人都是独立的个体生命，都有属于自己的行为能力与权利自由。

夫妻间有谁背叛婚姻，不但是个人意识与行为自控问题，还是个人的本性和素养问题。夫妻二人的相互忠诚，是个人主动意愿去做到的，不是被动的管束就能做到的。

不忠诚于自己的婚姻，是自我意识太强与自控能力太差的表现。出轨背叛婚姻的危害，个人要么意识不到；要么是明明知道，只是因为夫妻感情淡薄，也不在乎。

不做这样的错事，取决于个人的道德素质和三观，靠的是个人的自主意识去自我约束与自律才能做到。

无论是出轨的一方还是被出轨的一方，都会因为婚姻遭遇这样的创伤而受到伤害。我们看到了明星夫妻在网上互撕，也看到了明星夫妻在网上因为出轨遭遇的网络口水，我们看到了因为出轨的过错一方遭遇了"社会性死亡"，也看到了出轨以后分道扬镳的夫妻给孩子造成的伤害……

一旦婚姻之船遭遇背叛这样的暗礁，解决的方法无非两种。

第一种是放手一搏，与伴侣一起努力改善夫妻关系。这种做法的危险在于受伤方可能会盲目地想要挽回对方，不顾一切地保持婚姻的完整，从而陷入不理智，日后可能会受到更大的伤害。

第二种就是离婚。这种做法的危险性在于，由于不忠方可能会盲目地投入新情人的怀抱，那么，对于受伤一方来说，离婚也许并不能解决问题，只是痛上加痛，一切都需要交给时间去解决。

其实，如果一对夫妻能够提高婚姻中的修养和自律，知道此生交付就要对彼此忠诚，那么在婚外情的诱惑下也能独善其身，坐怀不乱。有很多不出轨的好男人、好女子，不是因为婚外情的诱惑不够大，而是因为自己的定力足够强。

离婚后的那些问题

夫妻之间的矛盾与问题积攒到最后一定会走到"离婚"这一步。在当下，离婚再婚、再婚离婚、两三婚的人也不在少数。但婚姻在多数人的内心，会被看得特别重，这样一次又一次的离婚再婚，往往会在内心造成很大的创伤。而且一婚不顺，这二婚也很难顺心。

所以，夫妻之间还有一个普遍都绕不过去的问题，那就是"离婚以后的问题"。婚姻不幸福所导致的很多问题，并不会因为离婚就结束。就算

是最终选择离婚，离婚后仍然会因为这段婚姻而留下太多的后遗症，有太多忧心的事情。

我们看一个案例。

小双属于那种宁为玉碎、不为瓦全的刚烈性子，因为丈夫出轨她选择坚决离婚，而且还把三岁大的儿子的抚养权夺了过来。并且因为恨自己的前夫，只准许前夫三个月探视孩子一次。刚离婚那会儿闺密都给她鼓劲儿说她是有原则、有底线、敢为自己和孩子负责的人，男人不忠就该踢了他，重新开始。离婚的那种决绝暂时平复了小双心头的恨，但是没过多久，她才发现，离婚的麻烦必须她一个人面对。首先，她要面对独自教育孩子的重任，没离婚之前丈夫虽然也不怎么管孩子，但每天下班以后孩子把爸爸当成大马骑着在屋里转悠时，孩子的笑声是那么真实。离婚以后孩子虽然才三岁，却经常找爸爸，笑容也没有以前那么多了。尤其是孩子上幼儿园以后，每次接送孩子都是她亲自去，家长们私下很快就知道了孩子是父母离异的单亲家庭。其次，小双不怎么敢回娘家找后援，因为她的父母是比较传统的人，不怎么赞成女儿离婚，尤其是带着娃离了婚的生活肯定会雪上加霜。每次小双一去，父母都免不了唉声叹气，听得她心烦意乱，之前决绝离婚的那种勇气似乎也变成了不该离婚的错觉。再次，她在家里跟儿子也过得并不好。小双把很多期望都放在了孩子身上，她心里憋着一股劲儿，想把孩子教育好，潜意识里想做给前夫看："没有你，我教育和拉扯的孩子十分优秀。"于是，她努力逼自己工作赚钱，然后将孩子送到各种才艺班学习。孩子很累、很委屈，她却不允许孩子喊累喊苦，觉得自己挣钱都是为了儿子，这样弄得孩子和她的关系也好像没有之前那么"亲"了。最后的麻烦就是当她听到前夫竟然又结婚了以后，自己五味杂陈，虽然离婚以后前夫跟自己没有了任何关系，她却依然不舒服。尤其是当亲戚朋友给自己介绍对象时，对方一听带了一个儿子就直接拒绝以后，她觉得自己和前夫的立场、面对的麻烦完全不一样。

案例中选择离婚的妻子不得不面对很多麻烦。事实上，一个离婚的男人也同样不会好到哪里去。首先，在探视孩子上，男人往往得不到允许。哪怕约定的有探视时间，一般情况下前妻都因为心中有恨而关上男人想要探视孩子的大门。其次，男人如果再婚，第二段婚姻如果没有孩子还好，有孩子的话，也会产生亲生与非亲生孩子之间厚此薄彼的麻烦。最后，对婚姻失去信心。一个男人经历了妻子对自己的背叛，或者不和谐婚姻的沉重打击而离了婚。经历过失败的婚姻，被婚姻里的欺骗、冷暴力、争吵，折磨得体无完肤，便开始怀疑自己，到底是否适合去结婚。所以，他会悔恨、抗拒，最终麻木。

虽然男女组建家庭的时候很容易，合不来办离婚证也很容易，但离婚后的生活却不那么容易。尤其是当了父母以后离婚的，你可以跟自己的配偶说"再见"，却不能跟自己的孩子说"再见"。因为，从生下孩子的那一刻，就注定了一个事实：夫妻之间的关系很容易就分崩离析，而爱情存在或不存在都改变不了一个事实，那就是两个人创造出来的孩子身上流着彼此共同的血。

所以，在没有离婚之前要想到一些离婚后将面临的困难，也有利于夫妻冷静思考婚姻是否应该存续。离婚会带来的问题一般有以下几个方面。

一是会伤害孩子。每个孩子的成长都离不开爸爸妈妈的爱。父母的爱缺一不可，不然就会给孩子造成内心的缺失。父母离婚会让孩子极有可能变得内向、自卑和偏执。甚至因为目睹父母婚姻的失败，从而丧失对婚姻的憧憬，不愿意再去相信婚姻和人间有真爱。夫妻劳燕分飞却苦了孩

子，无论孩子选择跟任何一方过单亲生活，还是和爷爷奶奶或姥姥姥爷生活，对于孩子来说都是一种亏待，这样成长起来的孩子内心会遭受无数的委屈。

二是财产会损失。夫妻俩有婚姻关系的时候都希望自己赖以生活的家庭和美幸福，而离婚的第一条就是要平分财产，这样就会造成钱的损失。而且夫妻之间多年对家的情感付出，两个人从一无所有走到现在，一点一滴、一砖一瓦、辛辛苦苦耗费了多少心血，才经营出现在这个家。放弃了这些以后多可惜，对家的那种建设的心气被毁了，那是最大的损失。

三是很难再爱。离婚是简单的，无非拿着结婚证去换离婚证，但是对于双方来说，人生都将留下一段失败婚姻的证明。未来，你很有可能因为这段失败的婚姻丧失对婚姻的期待和相信。也有可能在后来你不愿意去爱了，直接封闭了内心情感世界的大门，否定这个世界的美好，否定这个世界的幸福，还会失去人与人之间起码的信任。

所以，两个原本陌生的人变成了夫妻是莫大的缘分，珍惜眼前人是我们每个人的必修课。离婚有风险，分开需谨慎。

第四章
婚姻对家庭的影响

幸福婚姻是男人事业的后盾

在知乎上,有一个讨论话题是:"婚姻家庭对一个男人有多大影响?"在讨论中,大家的观点一致:如果后院风平浪静,那么男人往往在事业上心无杂念,所向披靡;反过来,如果家庭"硝烟四起",男人是不可能有心情做事业的。

据调查统计,世界上的超级富豪和超级成功者都拥有幸福的婚姻和家庭。记者在采访巴菲特和另一位富豪的时候问道:"你们觉得这辈子最成功的事情是什么?"他们的答案惊人的一致:"拥有一个美好的妻子跟她组建家庭。当你有了足够的亲密关系才有更多的时间和精力去做工作,发展你的事业。如果你现在的工作停滞不前,其实我倒建议你好好经营亲密关系,也许你的事业就会有所突破。"

可见,一个男人事业能否成功很大的决定因素在妻子,也在他和妻子共同打造的家庭。家和妻好就是男人事业的后盾与成功的基础。成功人士背后往往有着稳固的婚姻支持。就像有个作家说的那样,一旦缔结婚恋关系,你们就不再是两个单独的个体——你们成了一个整体,这个整体越牢固,对你们就越有益处。

我们都知道国际知名的大导演李安作为一个美籍华人能有如此高的成就离不开他的婚姻和妻子。他在镜头前接受记者采访时坦言,如果没有自己的妻子,自己不可能有如此成就,他的高度是妻子给的。

李安曾在美国蜗居6年，自己写过剧本，大量阅片、阅读，但始终没有赚到钱。这6年里，只靠妻子支撑家里的经济开销。作为一个女人，谁都会有辛苦得撑不住的时候，林惠嘉内心也非常难过，但是为了支持李安的梦想，她当起了"英雄的猎人妈妈"，一直挣钱养家。她是美国伊利诺伊大学的生物学博士。亲戚朋友曾质问林惠嘉："为什么李安不去打工？大部分中国留学生不都为了现实而放弃了自己的兴趣吗？"看到老婆一个人养家，李安觉得过意不去，偷偷地开始学电脑，希望能比较容易地找一份工作养家糊口。那时他正打算放弃电影梦想，情绪萎靡不振，被妻子发现后，她一字一句地对李安说："安，要记得你心里的梦想！"后来妻子又告诉他："学电脑的人那么多，又不差你李安一个！"

林惠嘉是一位非常独立和出色的女性。李安曾说："妻子对我最大的支持，就是她的独立。她不要求我一定出去工作。她给我充足的时间和空间，让我去发挥、去创作。要不是碰到我妻子，我可能没有机会追求电影生涯。"可以说，妻子林惠嘉的鼓励和支持，以及在婚姻中独立的个性成就了李安的梦想。

用李安的话说："美国蜗居6年，那一眼看不到尽头的黑暗前途里，只有妻子是自己的灯，家是我的后盾。中国人造词很有意思，'恩爱'，恩和爱是扯不开的。这里面，'恩'是彼此不离不弃的基础。"

在一个家里，大多数的男人会把家当成休息的地方，在事业上打拼累了倦了，家便是最好的放松之处。如果家里有一个体谅、理解、宽容的妻子，那么放松之后的丈夫会更有精力继续下一轮的拼搏。

一位富豪曾说他这一生中最聪明的决定不是创建大的公司，更不是他近些年一直在大力推崇的慈善事业，而是他找到了最合适的女人并且与她结婚。我们不是大的富豪，可能无法体会到坐拥财富和投身慈善带来

的成就，但我们相信如此有成就的一个人说出这样的话来，一定是非常中肯而有意义的。我们通过这些人的高度，也能体会和感觉到他们身后妻子的格局与高度。

相关调查研究显示，伴侣对丈夫事业的发展帮助有以下几个方面。

首先，如果妻子属于严谨而又独立型的，那么在家里会承担大部分的家庭规划事务，让另一半得以专心工作，在闲暇时间专心休息。这也体现了我们心理学上的一个观点："当一个人有所依靠，就没有那么大的压力。"

其次，一个男人对自己的婚姻满意度较高的时候，就会生出更多的责任感和使命感，他像个建立自己家园和王国的开创者那样，要尽最大能力去守护这份感情，也会抽出更多的精力扑在工作上让自己提升和变得更好。

最后，如果妻子勤勉努力，也会在无形中影响丈夫。如果丈夫也属于那种勤勉努力型的人，那么这种品质对工作的晋升和自己能力的提高都有着积极的影响。

所以，想要家庭顶梁柱的事业有所成就，要让其后顾无忧，营造一个幸福美好的婚姻是大有必要的。家庭美满幸福也是让男人为之产生动力的基础。

家庭和谐是女人快乐的源泉

美国著名心理学家马丁·塞利格曼也认为，婚姻是世界上能让人感觉最幸福开心的事情。他提出，除了婚姻中爱的伟大之处外，快乐都来自我们自身的行为和心理状况，而婚姻是唯一能让我们感到快乐和幸福的外界因素。在17个接受调查的民族和国家中，40%的已婚人士都感到非常幸福、快乐，而只有23%的未婚人士才会有这样的感受。

在一个家庭里，如果女人能够拥有真正的幸福感，那么这种气息会自然而然地影响到男人和孩子，从而使得这个家庭达到一种舒适放松的状态。

女人的气色是女人快乐与否最为真实的写照。有幸福滋润的女人的气色与没有幸福滋润的女人的气色是截然不同的。纵使一个女人修养再好，收入再高，如果没有一个幸福美满的家庭，就算是脸上涂抹再好、再贵的护肤品，也远远不能和婚姻幸福的女人脸上散发出来的光彩照人的气色相媲美。女人的笑容会说话，一个女人幸福与否，看她脸上的笑容就可以知道。同样是笑容，不同心情的人所拥有的笑容确实是不一样的。

老舍在《骆驼祥子》里有这样一句话："娶老婆，你得像回事儿，对老婆好，你才像回事儿。"这句话，让人看着就会有满满的认同感，幸福婚姻里都不会缺少这一环节，那就是老公对老婆好！而身处这样的婚姻里的女人一定是笑容满面的，人也更加的年轻和自信。

世界上唯一装不出来的就是爱。有爱的人是一个样子，缺爱的人是另一个样子。一个女人的容貌，就是她的婚姻状态的写照。

小雯是个已经有三个孩子的妈妈了，在外人眼里她依然是满满的少女感。身材保持得很好，脸上看上去都是胶原蛋白，认识她的人都知道小雯已经45岁了，之所以她整体呈现出"年轻态健康品"的状态，是因为有一个把她宠成孩子一样的老公。三个孩子在生产的时候全程都有老公陪产，月子里老公总是在忙完手头工作的时候悉心照料她，而且肩负起夜里

给孩子冲奶、喂奶的重任。小雯虽然坐了三个月子,但都因为休息得特别好而精神状态很不错,没有落下任何月子病。由于丈夫体贴、理解且会处理家庭关系,婆婆也非常好沟通,家庭成员之间的关系相处融洽,小雯没有任何后顾之忧。平时丈夫也会为她准备生日的惊喜,结婚纪念日也会带她去看演唱会、一起旅行,一家人幸福地生活在一起。被爱滋养的小雯越来越美,45岁的年纪依然有满满的少女感。

所以,衡量一段婚姻是否美满幸福,就看女人是否温柔似水。被爱滋润的人,她就温柔似水;如果经常处于缺爱的状态下,她就冷漠如冰。

有个妈妈说她从来控制不住自己的脾气,无论是对待自己的父母还是自己的小孩,一言不合就火冒三丈,丈夫经常说她是更年期提前了。后来因莫名其妙的疼痛去医院看了很多科室却找不到病因。最后她做心理咨询才发现自己已经处于中度抑郁状态,经过深入了解才发现她的病根在家庭。

结婚五年,丈夫基本很少在家,不是借口工作忙就是在出差。孩子小,她自己一个人带,偶尔婆婆来帮忙,但经常由于两代人教育观念不同而产生冲突,所以生活的压力与缺少丈夫关爱的生活,使得这位年轻的妈妈整天愁眉苦脸,对孩子也非常暴躁。她的情绪背后是不被理解的内心苦楚,才导致身体疼痛和中度抑郁。

女性的本性都是温柔的,那些坏脾气、爱抱怨的女人只是因为得不到爱的滋养,身上才有了太多戾气,"张牙舞爪"才成了她的保护伞。

一个好的婚姻,让女人在每天的生活琐事中体会到安心与满足,表现在外面的就是可以做一个单纯快乐的人。

夫妻恩爱是孩子成长的动力

网上有一个话题：父母关系不好，对孩子有什么影响？网友的回答让人惊讶，竟然有很多人受到了父母婚姻生活的很大影响。

有人说，目睹了父母的婚姻对爱情失去了信心，以后能不结婚就不结婚，更不可能要孩子，省得让孩子跟着受罪。

有人说，不想嫁我爸那样的男人，也不想做我妈那样的女人。

有人说，婚姻如果只是两个人组合在一起过更加艰难的日子，互相伤害，单身又如何呢？

有人说，因为从小在父母爱的呵护下长大，觉得家就是后盾，有了什么委屈第一时间就想到父母那儿寻找安慰。

有人说，在我眼里父母的关系就是美好婚姻的样子，以后也会按照父母教给的去对待另一半。

……

可见，夫妻恩爱给予孩子的就是爱的能量，反之就是负能量。爸妈恩爱、夫妻关系和睦的家庭，能给孩子良好的家庭环境，这类孩子的性格也会更加平和、开朗，不轻易动粗；由于父母关系很好，孩子也会对婚姻产生美好的感觉和向往，能有健康的异性恋。

一个家庭，当夫妻和睦恩爱之时，就会释放出爱的气息，在家庭中形成爱的"场"，所有的家庭成员都会浸润于这个"场"，形成一个其乐融

融的大家庭，孩子也会在爱的气息中身心愉悦，而身心愉悦又会促进孩子心智的发展并对孩子的学习产生积极影响；当夫妻反目成仇，剑拔弩张之时，压抑会笼罩着家庭的每一个成员，大家都担惊受怕，孩子们的心智成长就会变得迟缓，学习也难以认真和专注。就像有位作家说的那样："孩子对父母的情绪变化，简直像风湿病人对天气的变化一样敏感。他们的察言观色，首先就是从父母处学来的。"婚姻好不好，看孩子就知道了。家庭是孩子成长的地方，父母的相处之道，会在潜移默化中影响到孩子。

心理学研究早已证明：一个人的童年经历，特别是原生家庭，对个人性格、行为、心理起着决定性的作用，并且会产生长期、深远的影响，甚至会决定一生的幸福。

有个朋友曾经分享了她的故事。

她的父母感情不和，经常吵架，甚至当着她的面，辱骂对方，从来不避讳她。父母吵得最厉害的时候，会大打出手，还会砸家具。从小到大，耳朵里充斥的，只有无休无止的争吵声、辱骂声，还有母亲的哭泣声。她的性格变得自卑、多疑和孤僻。她从十二岁开始目睹自己的父亲因为爱上了别的女人经常不管她和母亲的生活，夜不归宿成了常态，最后发展到对母亲大打出手。更让她感到恐惧和终身难忘的是，父亲爱上的小三竟然仗着父亲对她的爱，主动上门来找母亲挑衅。当她看着自己的母亲被小三扇了耳光并拳打脚踢而自己的父亲竟然无动于衷时，她从心里恨这个男人。后来她的母亲不堪忍受父亲的不断施暴，提出了离婚。每当她跟父亲去要生活费的时候，她都觉得是一种罪恶，她恨自己为什么要生在这样一个家庭，她也恨有这么一个男人做自己的父亲。这种对于父亲最早的印象让她非常惧怕和讨厌男性，从高中到大学，她都不敢谈恋爱。任何一个对她示好的男人都被她拒绝，她总认为男人都不是好东西。直到有一天她被一个温柔体贴的男生感动，才敢小心翼翼地谈恋爱。当她第一次跟着男朋友见父母的时候，男友的父亲在饭桌上把剥好的虾仁一个个放在男友母亲的碗里，而且时不时提醒妻子要多吃菜多喝汤的时候，那个场面让她忽然觉得委屈，自己借故躲进卫生间无声哭泣。原来，世上还有一种感情是这么温暖和美好，原来男人并不都是自己父亲那一类的角色。从此，她放心地跟男朋友恋爱、结婚，直到自己也当了妈妈。她说，她原本支离破碎的心怀着对男人本有的戒备和痛恨在另一个温暖男人的保护下渐渐修复。所以，她要学习，学着如何当一个好妈妈、好妻子，去爱自己的丈夫和孩子，教育好自己的儿子，让自己的儿子不但有一个温暖的家，还要成为一个好男人。

在我的咨询案例中有个读高三的孩子叫小云，因为患了重度抑郁甚至在学校都无法应对学校的学习。午饭时间只要到食堂看到食物，她不仅不会有任何食欲，甚至勉强吃进嘴里的东西也会呕吐出来。放学回家她就把自己锁在房间里，不愿意出来见任何人。小云的父母（继父亲母）在广州，她则是在老家跟着爷爷奶奶生活。在得知女儿的情况后，她的父母陷入了极度焦虑，机缘巧合找到了我。

小云父母买了机票让她飞来广州，通过与小云深入沟通，我才发现小云内心深处的秘密。原来在小云很小的时候，她目睹爸爸打妈妈，每次妈妈都是被打得青一块紫一块的，但对于如何拯救妈妈，小小的她自然也是无能为力的。于是，在那个时候她简直就被吓坏了，从此对爸爸只有恨。而且随着年龄的增长，她慢慢地知道爸爸是因为在外面有别的女人才会打妈妈。所以，她更加憎恨爸爸，讨厌男人，这些事一直压在她的心里，久而久之，也就抑郁了。后来，小云妈妈实在承受不了爸爸的拳脚相向，选择了离婚，最终选择了一位爱自己也关心小云成长的新爸爸，并想尽办法找专业人士帮助小云走出阴霾。通过这个个案，我不禁感叹原生家庭对孩

子的影响是多么深远！

事实上，有很多出了问题的孩子，往往不是孩子本身的问题，而是原生家庭带给孩子很多看不见的伤痛，才导致孩子在日后的人生之路上出现了问题。

所以，一个孩子最终会成长为什么样的人，主要取决于他从原生家庭里接受的爱的质量和榜样示范。父母在孩子成长过程中扮演着重要的角色，一言一行都会影响孩子。父母的相处模式就是人生最初的教科书，孩子具有模仿的天性，尤其是在他们成长早期，父母就是他们成长的参照。教育学家的研究表明，父母有较高的修养，孩子就会以父母为榜样，先是照着做，久而久之，习惯变成了自然，就成了他们日后处理各种关系的准则和价值观。

我国台湾作家黄淑文说过："只要活出你自己要给孩子的典范，孩子自然会成长为他们所看见的人。"

夫妻恩爱在孩子的眼里具体有哪些体现呢？

其一，彼此态度和表情柔软。一个家里，如果父母经常笑脸示人，这个家一定会安乐和谐。相由心生，只有内心淡然平和的人，才会把微笑挂在脸上。而常常保持情绪平和状态的父母，孩子学到的是平和、知足，遇事或与别人相处的过程中也会很得体，能够很好地处理自己的情绪。

其二，家里沟通的时候状态柔和。很多时候我们都说把好情绪给了外人，把坏脾气给了家里最亲近的人，尤其是夫妻之间，如果因为生活的压力而导致互相责备和彼此抱怨，那么，孩子要么学会了不担责任，要么在父母大声争吵的氛围下变得胆小怯懦。做情绪平和的父母不是没有情绪和脾气，而是能够通过其他方式排解，不把负面情绪传递给孩子。即使实在控制不住脾气，也会在情绪过后跟孩子探讨是什么原因导致这样的情绪，而不会乱发脾气。

其三，家庭的生活状态很随和。生活的压力人人都有，有修养的父母能够在承担压力的同时与配偶达成一致，不会迁怒别人，尤其不会在育儿问题上把责任和怨气归结在其他人身上。因为一个家生活的氛围很关键，能够对孩子产生非常深远的影响。有爱的家，孩子学会爱；没有爱的家，孩子不会爱，不懂爱和体谅。

很多有成就的人，在讲起自己的成功经验，无不谈到自己家庭和父母对其的深远影响。比如，比尔·盖茨曾说过，自己在母亲那里得到的是"虔诚和善良"，我们在比尔·盖茨对全世界贫困地区的大量捐款上就可以看到他母亲的印记。著名演奏家傅聪也是受父母非常多的影响才成了一代名家，《傅雷家书》也成了影响一代又一代人的教育宝典。作为我们普通大众，每一个平凡的父母，怎么知道不能影响自己的孩子将来成为一个伟大的人呢？

孩子，是父母灵肉交流的创造，是父母爱情的结晶。父母，是孩子生命的创造者，是孩子生命的起源，是孩子自身的来处。孩子对自己的认知、认同、肯定与接纳，必然暗含着对父母双方的认知、认同、肯定和接纳。每个孩子在内心深处都深深地爱着自己的父母，也深深地尊敬、维护着自己的父母。如果夫妻之间关系不和谐，一方否定另一方，或者双方形成一种错误的相处模式，那么对于孩子来说意味着自我的残缺不全。父母和谐统一的关系，意味着孩子自身的和谐与统一。父母分裂对立的关系，也意味着孩子自身的分裂与对立。

所以，既然为人父母，就一定要营造一个良好的家庭氛围，给孩子奠基，让孩子拥有成长的动力。

家庭美满产生的价值和功能

我们都有过这样的体验：如果发现一个人行为性格都特别好，私底下我们就会说，这个人的家教好，会推测其成长的家庭环境。或许一个人为人处世并不完全代表其家庭环境，但是良好的家庭环境能够对家庭成员，尤其是下一代产生很大的影响。

良好的家庭环境，能够为家庭成员提供支持和安全感，能够包容冲突和差异，能够在挑战来临的时候依旧保持稳定。但是，大部分时候，我们都将家庭应有的功能归于某个家庭成员，比如，丈夫应该提供安全感，妻子应该包容冲突，孩子应该听话以让父母感到安心……当这个人不能够完全承担这样的重任的时候，家庭就陷入焦躁甚至恐慌当中。其实，一个良好的家庭环境是每一个人都需要付出努力的，不能单把期望寄托在某一个人的身上。

首先，良好的家庭环境首先需要良好的婚姻关系。良好的婚姻关系需要有两个真诚相连、自我实现的灵魂之间的平等关系，这样才能让夫妻在漫长的婚姻旅途中，因为拥有对方的爱，而能在精神及心灵上继续成长。婚姻关系需要两个成熟的大人，这意味着双方能够脚踏实地和独立自主。说到底，健康关系的必备条件是平行的关系和各自负起责任。

其次，需要身心健康和尽责的父母。尽责的父母拥有一份自我约束的爱，他们既爱自己，又能自律，是能将自我管理好的成人。他们会以言行为孩子示范成熟的行为，以及一个人的自主性。他们有高度的自我肯定，少有压抑情绪。孩子不需要负担来自父母自身的冲突。这样的父母不会让孩子为他们完成生命中一切。孩子因而可以充分利用智慧、关爱、感觉、决定和想象的能力去走自己的成长之路。

再次，家庭成员能够进行有效沟通。很多时候家庭环境和氛围好不好80%取决于沟通的方式，良好的沟通要求沟通者清楚自己的内心感受，也要在意他人的感受。在良好的家庭关系中，面对面的接触是必要的，它代表着愿意说出真心话、愿意面对对方以解决误会——这其实是一种爱的表达。

最后，能够公平地争论。在一个良好的家庭关系中，也不可避免产生意见不和的时候，能够公平地去就事论事，而不是上升到人身攻击。既不需要佯装表面和谐而彼此压抑，也不需要攻击对方，而是公平地把事情解决掉而不是持续发酵。

一天，我们一家三口开车回家，路上，我们探讨了一个问题，就是让儿子给我和他爸打个分。我们都想知道我们养育了20年的儿子，在他心目中我们可以得几分。儿子说："值得我开心的是，我生活在这个家，我很自由，自我感觉良好。从小你们也让我选择喜欢学的东西（音乐专业：打击乐），不勉强我。虽然妈妈是老师，会遇到很多优秀的学生，但没有拿我和别人家的孩子比较，所以，我的学习生活都比较自由自主，你们给了我充分的选择与发挥空间，感谢你们！我给你们打70分吧。原因是，我希望爸妈也能改变一下自己的生活习惯。例如，妈妈经常工作到很晚，会影响休息影响身体；爸爸有抽烟的习惯，这很不好，吸烟有害健康。如果你俩都能调整一下，我就可以给你们打90分，这说明你俩还是有很大提升空间嘛。"我俩听完，相视而笑，爸爸立马说："好的，儿子，爸爸

就听你的话，立即把烟戒掉，争取早日把扣掉的 20 分拿回来。"我也立刻回应说："我也从今晚就调整我的作息时间，早睡早起，一家人互相监督，争取高效工作、健康生活。"回到家，我们一家就调整制定了生活作息表，还着重加上了锻炼身体的时间与项目。

和谐的家庭就应该有欢笑的声音、鼓励的眼神！我们家的氛围一直就比较民主与自由，我们做父母的也没有高高在上，也从不会对儿子呵责，只要儿子提的意见与建议合理，我们都乐意调整改变，从而让儿子有轻松愉悦的家庭环境去学习与成长。儿子也初步达成他从小的音乐梦想，他目前已组建了乐队，并且已经有了自己的原创作品。

一个家庭如果具备了以下的几个条件，那么基本上就可以打造一个良好的家庭环境。一旦家庭环境良好就会产生一些良好的、对家庭成员影响深远的功能。

一是参照功能。一个家庭氛围是否融洽，成员之间的关系相处是否舒服，每个人都能感受到。尤其是儿童，在理解和接受某种观念、行为方式时，需要一定的"参照对象"，这些"参照对象"相当多地来自他们在家庭环境中积累的体验、感受和经验。《论语》道："其身正，不令而行；其身不正，虽令不从。"以身作则，就是要家长规范自身，多提升自己的眼界和能力，以自己的行为为孩子们做出榜样。这就是良好家庭具备的参照功能。

二是熏染功能。优秀家庭环境中的孩子得到的熏陶好，也就越来越优秀；家庭环境不太和谐的家庭，即使孩子本身很优秀或很努力，但受环境影响的情况下，也会与优秀家庭的孩子拉开差距。

换句话说，父母如果自身不够优秀不仅受害的是自己，还会对子女的未来造成巨大的影响。许多成年人因习惯使然，从不在意自己的行为会给孩子带来什么影响，而孩子就在这潜移默化中走了父母走过的路。如果父母是正直的、无私的、优秀的、善良的，那么孩子的品格中也基本是这样。一个孩子的成长，实际上是生物的遗传和环境相互作用的结果。良好的家庭环境是孩子价值观成形的基础，是孩子人格成形的启蒙，是孩子信念系统的沃土。也就是说，孩子的人格、信念和价值观，都跟他爸爸妈妈的关系有着密切的联系。"近朱者赤，近墨者黑"说的正是这功能。

三是强化功能。一方面，良好的家庭环境中包含着许多能够激励子女上进的因素，如赞赏、奖励、支持，而个体在与家人的交往与活动中达到预期目的或满足了某种渴望，或从中体会到某种对未来的希望时，就会对原有动机和欲望起增强作用，并可能激发起某种新的动力；另一方面，不良的家庭环境或家庭生活方式、教育方式则不但有可能使家庭成员养成不良的品性，还可能使这些不良品性受到强化而不利于个体的健康成长。

当我们看到一个良好家庭环境具备很多功能的时候，我们能做的就是努力营造一个良好的家庭氛围，带给自己成长，也带动其他家庭成员成长。

"家"的真正含义

我们每个人都有一个"家"，开始是从父母的那个原生家庭里成长起来，然后组建了自己的家，最后带给孩子一个赖以生长的地方。那么，家是什么呢？

有首歌是这样唱的：家是儿和女，家是爹和妈，家是一根长长的藤，

上面结着大大小小的瓜。家就应该像《相亲相爱一家人》的歌词那样。

我喜欢一回家

就有暖洋洋的灯光在等待

我喜欢一起床

就看到大家微笑的脸庞

我喜欢一出门

就为了家人和自己的理想打拼

我喜欢一家人

心朝着同一个方向眺望

我喜欢快乐时

马上就想要和你一起分享

我喜欢受伤时

就想起你们温暖的怀抱

我喜欢生气时

就想到你们永远包容多么伟大

我喜欢旅行时

为你把美好记忆带回家

因为我们是一家人

相亲相爱的一家人

有缘才能相聚

有心才会珍惜

何必让满天乌云遮住眼睛

因为我们是一家人

相亲相爱的一家人

有福就该同享

有难必然同当

用相知相守换地久天长

用诗意的说法来讲：家是根基，滋养着每一个家庭成员，就像藤条滋养着瓜仔。家是互助，每个人都是家的一分子，彼此依赖又相互取暖。家是港湾，心和梦不论在何方，一生的爱唯有家，家才是我们幸福的停靠站。用现实的说法来讲，家却不是一个简单的概念，社会学家说家是社会的最小细胞，婚姻学家说家是风雨相依的两人世界。

家的真正含义是什么呢？是一幢高耸的房子，是舒适的床铺，是稳定的收入，是可以享受的一日三餐，是儿孙环绕，还是执手相牵？年轻的时候，我们因为爱情找了一个人，组建了一个家，准备一个家应该具备的一切表面的硬件——房子、车子、家具、存款，我们搭建起看似完整的设施，并且日复一日、年复一年地为这个设施忙碌，添砖加瓦，争取更多、更好的改善，我们以为这就是一个家，这就是生活。可是，有的时候，我们构建起来的所谓的家，又有着很多的烦恼和麻烦。面对争吵，面对永远无法调和融入的不同观念，我们所找到的人、所建立起来的家，并没有满足我们曾经对家的想象，我们看着满屋一应俱全的家的配置，内心却无比空虚。原来我们建设的，只是一个身外的家，而我们心灵的家园，却已经杂草横生、贫瘠荒芜。于是，家就真的变成了一个壳，空空的壳，只会为我们阻挡自然的风雨，却无法庇护我们度过人生的风雨。

我们看一个故事。

有一个富翁醉倒在他的别墅外面，他的保安扶起他说："先生，让我

扶你回家吧!"富翁反问保安:"家?我的家在哪里?你能扶我回得了家吗?"保安大感不解,指着不远处的别墅说:"那不是你的家吗?"富翁指了指自己的心口,又指了指不远处的豪华别墅,断断续续地回答:"那不是我的家,那只是我的屋子。"

家不是房屋,不是物质堆砌起来的空间,而是你受了伤可以疗伤、遭遇了挫折可以痛快哭的地方。那里,有你最亲的父母、最爱的孩子、陪伴你的伴侣。他们,是你生命中最重要的人。就算门外凛冽如冬,推开门,却是春风拂面。家,是这个世间最温暖的地方。所以,你带回家的应该是快乐,而不是烦恼。

所以,我们要觉醒,去认清"家"的位置,认清自己在"家"里的位置,然后经营和谐的家。家本质上是精神的融洽、气氛的和谐,否则就只能称为住处。如果彼此心心相印,即使天各一方,也称得上是家的拥有者,只是那家不在住处,而在彼此的心中。家不是房屋、彩电、冰箱,不是物质堆砌起来的空间。家需要有爱的亲人,需要那份特别的真情实感。家就是你和你家人在一起的情感全部。拥有时,它平凡如柴米油盐酱醋茶;失去时,掏心掏肝也找不回。

在我的"音乐轻私语"——音乐疗愈课程上,"家"是一个主题课,我很喜欢采用《一起长大》这首歌,因为它的歌词特别的纯朴,特别的简单,但又特别的温馨,让人听到就感受到家的温暖。

独白:

宝贝 爸爸是第一次当爸爸

妈妈也是第一次当妈妈

我们一起成长吧

女儿:

我们一起长大
一起长大
一起守护我们的家
我们一起长大
一起长大
做更好的自己啊

爸爸：
我的名字叫爸爸
上班出差晚回家

妈妈：
家有宝贝时刻牵挂
你要注意身体啊

女儿：
我爱我幸福的家
爱我的爸爸妈妈
一年一年
有你们呵护　风雨不怕

父母：
我也是第一次当爸爸妈妈
我们一起成长吧

合：
我们一起长大
一起长大
成长是爱的报答
我们一起长大
一起长大
生活就像一幅画
我们一起长大
一起长大
一起守护我们的家
我们一起长大
一起长大
做更好的自己啊

妈妈：
我的名字叫妈妈
洗衣做饭学绘画

爸爸：
家有宝贝慢慢长大
你们就是全部啊

女儿：
我爱我幸福的家

爱我的爸爸妈妈

一年一年

爸妈老啦

我已长大

合：

我们一起长大

一起长大

成长是爱的报答

我们一起长大

……

所以，让我们从夫妻这个最基本的单位开始，真正去建一个"家"，爱一个"家"，打造一个"家"，传承一个"家"。

第五章
修炼幸福婚姻的能力

婚姻其实是一个人的事

在关于婚姻关系和婚姻问题的解读上，相信大部分人的认知都会倾向于"一个巴掌拍不响"，即婚姻是两个人的事。当然，之前我也一直认为婚姻是两个人的事，必须是要两个人共同努力，才能变得更好！一旦有了这样的认知，大家往往都会觉得，即使自己再努力、再优秀，哪怕是付出100%的努力，也仅仅起到50%的作用，因为另外一个人不改变的话，结果也好不到哪里去。但是有一本书让我对婚姻到底是两个人的事还是一个人的事产生了新的认知，在《亲密关系》一书中，作者提出婚姻其实是一个人的事。

为什么说婚姻是一个人的事呢？因为婚姻本身就是一场自我的修行和提升。如果我们的内心能够变得完整、安全、有爱……跟谁都能过得很好。试想一下，如果跟一个知根知底过了很多年的人（丈夫或妻子）都过不好，又如何能确定跟一个新的陌生人能过得好，又怎么能确定针对下一个人你不会这么做？

亲密关系是一面镜子，在伴侣身上有一面镜子，你在这面镜子里照出你自己的样子。也许一个人看到的是配偶不理解你、不体贴你、不包容你的各种情绪，岂不知道正是你自己让对方变成了这样？

人们看到的往往都是对方的缺点和错误，对方的不理解、不体贴、不包容，却看不到自己的情绪发泄导致亲密关系的不断分离，不断疏远，到最后的分崩离析。

我们看一个案例。

小琪与前夫离婚快三年了，三年多的时间里她一直都对前夫耿耿于怀，认为是命运的不公让她遇到了一位渣男，才导致自己美好的青春都浪费在不值得的人身上。为了惩罚前夫对自己的伤害，小琪不但承担了离婚后孩子的主要抚养权，而且拒绝前夫对孩子的任何探视。即使孩子偶尔会提到爸爸，小琪也会以各种理由向孩子灌输"爸爸不存在""爸爸不值得""爸爸是坏人"这样的理念。直到有一天，孩子因为在学校里与其他同学发生肢体冲突，小琪才意识到问题的严重性。原来是孩子们一起讨论起各自爸爸的时候，唯独自己的儿子默不说话。有个同学对儿子开玩笑说"他一定没有爸爸，所以从来没有看到爸爸来学校接他"。于是，儿子向同学的脸上挥了拳头。小琪与儿子沟通的时候，发现孩子并不积极沟通，而是问自己的妈妈："我的爸爸难道真的就那么不堪吗？"

小琪开始思考，是不是自己错了。于是她来做心理咨询。她很坦诚，说自己总是过不去与前夫的这道坎，总认为婚姻没有走下去前夫负主要责任，孩子内心的孤独和痛苦也是前夫的错。

我看着面前小琪一副全世界都是错唯独她自己没错的样子，知道她的"心"迷失了方向，她的心门关闭得紧紧的。

首先，婚姻是两个人缔结的，如果出现问题一定不是一个人的问题，所以，小琪把所有的责任归结在前夫的身上是不公平的，也是不道德的。其次，婚姻质量的高低是一个人能够解决的。曾经我们以为只有双方努力，才能挽救一段关系，却不知道单边改善也能让我们抵达灵魂关系的彼岸。这其中最大的区别在于是否能够真正认识自己，从而用理性的眼光看待一段亲密关系。只有认清楚在一段关系里自己要负很大的责任甚至全部

责任，才不会把所有的过错都归结给别人，无论是婚姻关系还是其他一切关系都适用于这一观点。

我们与所有人的关系最根源处，都是与自己的关系，解决了与自己的关系也就解决了我们与所有人的关系。我们只有与自己和解，才能与别人和解，与自己和解的方式就是打开自己的心。

经过一番谈话与开解，小琪从原本封闭自己且与世界对立的状态改变了，她的目光和语言也变得柔和起来。她终于说出与前夫离婚，很大程度上不是前夫一个人的责任，而是她自己的责任。她因为没有与自己和解，从而一直陷在责怪别人的泥淖中无法自拔，而且差一点因为自己放不下的"恨"而破坏了儿子与前夫的关系。小琪主动联系了前夫，约了一个时间让他和儿子见面，并且三年多来，第一次对前夫说了"对不起，我之前没有意识到错误。将来我们不能做朋友，但也不至于成为敌人"。

张德芬说过，外面没有别人，只有我们自己。所以，要把一切力量聚焦在自己身上。

剖析自己是一件非常痛苦的事，而责怪他人、纠正他人要容易得多！所以我们总在想：他为什么这样，他为什么不改变，他为什么不能容忍我一下，他为什么让我这么痛苦？其实你完全可以自己做出一些改变。

婚姻中，不该有的是不明所以地指责对方。每个人都是独立的个体，所以人很难做到去改变别人，但是我们唯一能够控制的就是自己的行为。在一段婚姻当中或是人与人的相处过程中，我们可以用自己的行为去感染对方，也可以通过语言去沟通交流，而非指责对方。

大部分人都认为自己的痛苦是别人的行为导致的，从来没有想过这种痛苦实际上是自己加给自己的。有一种痛苦其实不是别人不爱你，而是你自己不爱自己。因为自己没有爱，所以会向别人去索取。当感觉不到有爱的时候，就会更多地去索取，索取不到就会痛苦，如此恶性循环。解决这种状况的唯一方法是不要向别人要爱，而要让自己本身成为爱。

是否把镜子转向自己，婚姻的质量和层次就有了明显的不同。

第一层，完全推责型。婚姻一旦发生问题，第一反应就是先把责任推出去，都是别人的错。处在这一层次的人，眼中和心中总认为是别人的问题，很少反省自己。无论遇到大事小事，推卸责任的次数越多，彼此不理解的概率就越大。家庭出现"鸡飞狗跳"的情况，大部分原因在于推卸责任。

第二层，自我反思型。婚姻不够好，是因为"我"不够努力。这一层次的人已经比第一层次的人有了进步，懂得从自己身上找原因，而不把责任完全推给对方。一旦意识到婚姻幸福指数不高也有自己的原因，就会努力让婚姻往好的一面发展。这是积极心态的人才有的意识，有了这样的心态说明已经具备了一些格局。

第三层，共同解决型。婚姻有问题，一起解决。这一层次的人已经具备了处理问题的能力，眼界和心胸都不再拘于小节，属于无事不惹事、有事也不怕事的这种状态。遇到问题时往往能夫妻一起面对，他们相信没有什么过不去的坎，这样的婚姻很少出现大的矛盾和问题。

第四层，三观一致型。婚姻中的问题往往都是彼此价值观不同造成的，教育的价值观、养老的价值观、工作事业上的价值观不同就会出现纷争。这一层次的人往往能够体谅和尊重对方，知道每个人都有自己的价值观和底线，遇事时不去触及对方的底线，也不试图改变对方，而是尽最大可能做出让步，尊重对方的选择。能够尊重对方，就是一种格局。

第五层，自我改变型。不幸的婚姻各有各的不幸，而幸福的婚姻无非一条：我能改变我的婚姻现状，我是带着使命来生活的。每对夫妻都是凡

人，都可能犯错，都有情绪和压力，当出现问题的时候，只有想积极去改变婚姻现状的人才是有智慧、有格局的人。

当一个人能够在亲密关系中反思和进步甚至做出改变和让步时，意味着他的成熟和成长，也意味着他拥有了爱的能力。

培养对配偶的喜爱和赞美

美国心理学家威普·詹姆斯说过："人性最深刻的原则就是希望别人对自己加以赏识。"因为赞赏代表喜爱和支持，符合"皮格马利翁效应"。幸福美满的婚姻关系，从来都是给予爱人最大的支持与鼓励，并从不吝啬赞美。"皮格马利翁效应"也被称为"罗森塔尔效应""人际期望效应"，是一种社会心理效应，指的是教师对学生的殷切希望能戏剧性地收到预期效果的现象。

美国心理学家罗森塔尔做过一个试验。他到一个学校从一年级至六年级各选了3个班，对这18个班的学生进行了"未来发展趋势测验"之后，罗森塔尔以赞许的口吻将一份"最有发展前途者"的名单交给了校长和相关老师，并叮嘱他们务必要保密，以免影响实验的正确性。其实，罗森塔尔撒了一个"权威性谎言"，因为名单上的学生是随便挑选出来的。8个月后，罗森塔尔和助手们对那18个班级的学生进行复试，奇迹出现了：凡是上了名单的学生，个个成绩有了较大的进步，且性格活泼开朗，自信心强，求知欲旺盛，更乐于和别人打交道。

实验者认为，教师应该是收到了实验者的暗示，他们不仅对名单上的学生抱有更高期望，而且有意无意地通过态度、表情、体谅和给予更多提问、辅导、赞许等行为方式，将隐含的期望传递给这些学生，学生则给老师以积极的反馈；这种反馈又激起老师更大的教育热情，维持其原有期望，并对这些学生给予更多关照。如此循环往复，以至于这些学生的智力、学业成绩以及社会行为都朝着教师期望的方向发展，使期望成为现实。

这就是著名的"罗森塔尔效应"的暗示效应，对一个人产生的神奇魔力。

作家柏杨先生曾说过："为了爱情的持续，婚姻的美满，妻子固要取悦丈夫，丈夫也要取悦妻子，至于如何取悦，乃是一种高级的艺术。"其实婚姻保持美好与活力需要的"取悦"，正是"罗森塔尔效应"，因为婚姻中的两个人都渴望得到对方的肯定和鼓励，这种肯定和鼓励其实就是给对方一个"期望值"，符合心理学上的"人际期望效应"。

在夫妻相处的过程中，想要维持一个有价值、长久的感情生活，培养对配偶的喜爱和赞美是两个非常重要的因素。幸福的夫妻也难免会有性格或其他方面的缺点，但对方身上依然有着值得另一半敬重的地方，要不然当时也不会义无反顾地跟着对方走进婚姻。

我们试着想象两个场景。

场景一：厨房里忙碌的妻子在做晚餐，几个小时以后，餐桌上摆满了丰盛的饭菜。丈夫来到餐桌抱了抱妻子，说："老婆辛苦了，做了这么一桌子好饭。"然后夹着菜尝了尝又夸赞道，"哇，真好吃，老婆大人的厨艺是越来越厉害了。"妻子笑着也尝了一口，说："太咸了，这么难吃，你怎么说好吃。"丈夫笑了笑，说："我觉得很好吃啊，我喜欢，菜咸了好下饭。下一次一定更棒，我的胃以后就交给你打理了。"两个人满脸幸福地

开始了属于他们自己的甜蜜晚餐。

场景二：同样是忙碌的妻子在做好饭菜以后，等着丈夫回来。丈夫坐在餐桌前直接开吃，结果第一口就皱着眉头开始抱怨，"这饭怎么下咽，太咸了吧"，然后十分不悦地放下筷子离开了餐桌。妻子看着丈夫离开的样子，满脸的落寞，面对着一桌子饭菜十分沮丧。

同样的一件事，因为丈夫的反应不同，结果也不同。第一个场景中的丈夫是个懂得赞美妻子的人，所以妻子也会显得十分可爱；第二个场景中的丈夫是个挑剔的人，使妻子内心十分难过。

在婚姻中，85%的丈夫是冷战者，这也是丈夫往往在婚姻中不善表达、很少赞美妻子的缘故。但是在一桩婚姻里，如果没有赞美，那么这桩婚姻很可能会走向破裂。这绝对不是危言耸听，女人为什么喜欢听甜言蜜语，只不过是希望能得到对方的肯定。而男人在得到来自妻子的赞美时，满足了他作为丈夫的自尊与信心，他会越来越优秀，这也就是人们常说的好男人都是夸出来的。

喜爱和赞美是鄙视的"解毒剂"。你可以找出配偶身上的三个优秀特征，把它们写下来，和配偶相互看。双方都会很开心，会很容易一起回顾过去的好日子。

有一对夫妻因为吵架吵上了情感节目，节目主持人问妻子："是什么原因让你一定要离婚，是他不够好吗？还是他做了什么令你无法忍受的事情？"

妻子说："谈恋爱的时候我什么都好，他说我漂亮，又会撒娇，又会做饭，又理解人。但自从结婚不久，就说我做饭做得难吃，买的新衣服穿上不好看，还说我总跟他无理取闹。他宁可在家里打游戏也不会跟我去逛街买衣服。我还是以前的我，只是他不再爱我了。"

丈夫也接着妻子的话回应主持人："根本不是她说的那样，是她不再爱我了。之前说我阳光乐观，游戏打到无敌，即使我约会迟到她也最多撒娇让我请她吃个冰激凌就能"将功折罪"。现在倒好，我只要打一下游戏她就说我不求上进，我要是下班晚回来了一会儿，她就说我在外面鬼混。还有，之前她总能想着花样儿做饭，现在一周有三天吃方便面……"

其实两个人都没有什么问题，只是从恋爱时的互相赞美和喜爱变成了结婚以后的互相指责和埋怨。

每个人想听到的都是一些鼓励和夸赞的话，尤其是在伴侣面前，没有人会不想听到自己最爱的人赞美自己。但很多夫妻都在婚后长时间的相处中展现了真实的一面，把应该保留朦胧美的"帘布"一把扯了下来。

也许她煮的饭真的不好吃，也许她穿的衣服并没有那么好看，但这有什么关系？都说，情人眼里出西施。说一句"你煮的饭真好吃""你穿的衣服真好看"，让彼此知道自己在对方心中的美是不可替代的，不就好了吗？也许他就是爱打一把游戏，有时候工作忙的时候晚回来，说一句"老公挺累的，打把游戏放松一下吧""今天工作又累坏了吧，这么晚才回"，让对方觉得你不是嫌弃他而是爱他关心他，他能不情愿改掉玩游戏和晚回的习惯吗？

所以，培养对配偶的喜爱和赞美是促进婚姻美好的不二法门，夸奖会让懦夫变金刚，也能让泼妇变淑女，夫妻要努力学会夸奖。

杜绝暴力沟通

提到暴力，很多人会说现在是文明社会，诸如战争、打架、破口大骂等这些被归为暴力中的情况是不是就少了呢？如果是少的话，那么只要我们做遵纪守法的人就算很幸运了，只要我们不主动惹事，几乎就碰不到暴力。但是，现实中却有非常多的"暴力"事件发生在普通人之间。比如，上下级的粗暴沟通、父母与子女之间的不良谈话，以及夫妻间的"不会好好说话"，这些都可以归为暴力范围。有句话说得好，"良言一句三冬暖，恶语伤人六月寒"，沟通的话如果很难听，就属"暴力"的一种。

比如，妻子对丈夫说："天天喝，天天抽，你喝死算了。"

又如，丈夫对妻子说："就你一天天的事儿多，你就不能自己反省一下吗？"

再如，父母对孩子说："你猪脑子呀，笨死了，怎么就那么不让人省心呢！"

这样的沟通是不是像刺向别人身上的剑一样呢？既无情又锋利，哪个人听到都会十分难受，由此带来的情感和精神上的创伤甚至比肉体上的伤害更加令人痛苦。也许我们并不认为自己说出来的话带着暴力倾向，但我们的语言确实常常引发自己和他人的痛苦。我们难以避免来自别人的暴力言语，却可以首先选择自己不使用暴力语言，这样就可以减少很多矛盾和误解。

夫妻之间的语言暴力，就是使用诋毁、谩骂、蔑视、嘲笑等侮辱性的语言，致使配偶的精神和心理上遭到侵犯和损害。在一个婚姻家庭关系中，这样的情况经常存在。在许多咨询的案例中，有很多矛盾多数都是因语言暴力引发的。我们可以想象一个家庭常见的场景。

上了一天班，疲惫不堪的妻子下班顺便接了孩子回家准备做饭。一看，炒菜的油没了，于是妻子让丈夫回来时顺便买油，结果丈夫一忙给忘了。回到家就被妻子一顿数落。妻子从最初数落丈夫记性不好，到怪他没把家放在心上，又扯到他从来不照顾孩子、不知道疼妻子，最后扯到丈夫身后的亲友团，到最后还不忘说，你看看人家隔壁老王、老李、老赵如何如何，你怎么就如何如何……更有甚者，会说我怎么就嫁了你这么个人，真是倒了血霉，最后扯到，孩子也跟你一个德行……最后丈夫忍受不了，不是在沉默中受伤，就是在回击中爆发，用同样难听的话回击："你也不看看你的样子，哪一点儿像隔壁老王的老婆，人家多贤惠，哪像你天天嘚啵嘚啵……女人做个饭怎么了？接送个孩子怎么了？别人家的女人不都是这个样子嘛，轮到你就玩儿不转了，你好像多有能耐似的，还好意思说我，有我这人娶你就不错了。"

于是，原本什么事都没有的夫妻俩却恨不得打一架，这就是语言暴力产生的威力。

引发暴力沟通的原因一般有以下几个。

首先，因比较产生的内心失衡。有句话说得好，一个人不会羡慕马云有多少钱，但是听到邻居比自己有钱就气得不行。夫妻之间出现的暴力沟通往往是因为比较产生的。比较也是一种评判形式，而且越是与别人比较越觉得自己的生活悲哀。比如和明星比样貌给自己添堵，和闺密比老公让老公恶心，和邻居家孩子比成功让孩子讨厌你……数不清的"比较"蒙蔽

了我们对人对己的爱意。而且在比较中往往口无遮拦,比如"你看你们单位的小王人那么能干;你看人家小李家里收拾得利落,看看咱们家像狗窝",这样的比较带来的恶果往往蒙蔽了原本对自己和对配偶的爱。

其次,用语言暴力回避责任。每个人都应该对自己的思想、情感和行动负有责任。可是很多人却并不想负责任,尤其是夫妻之间,往往通过语言的指责和埋怨从而实现推卸责任的目的。比如"都是你让我伤了心""要不是你,我能变成这样吗""你咋能这么对我",用这种语言就是淡化个人责任的表现。如果一个人能够负责任的话,往往会选择平和的语言或者沉默,而不是通过向对方发起语言的进攻而取得自我的"胜利"。

最后,通过语言的强势来假装强大。很多时候夫妻之间说话不好听,尤其是妻子对丈夫说话带着威胁的时候,往往是她自己不够强大,想要通过语言的强势来假装强大而已。比如:"你要是不把工资卡给我,咱俩就离婚。""你要是还是向着你妈,这日子没法儿过了。"

在"语言暴力"中主要的外显特征有轻蔑、消极、一方追击与一方后退。轻蔑可以摧毁尊重、信任、倾慕以及亲密感。消极是指对言语消极的解释,本来对方是没有负面意思的都被理解为一种语言攻击。一方追击与一方后退是指在遇到问题时通常女性会主动去沟通而男性则选择回避、敷衍。不管是谁担任追击者,谁担任后退者,双方都觉得自己是"有理行天下";追击者认为自己"积极,主动,有责任感",言下之意是对方"消极,被动,推卸责任";后退者认为自己"理智、冷静、大度",退一步海阔天空,言外之意是对方"脑发热,没事找碴儿,锱铢必较"。

无论这种暴力是哪种特征,都会把原本美好的婚姻推向支离破碎,把原本不和谐的婚姻变得更加万劫不复。所以,让我们时刻警醒吧。当你想要带着贬低、抱怨、指责的想法说话时,选择闭嘴几秒,因为一句话说出去比水泼出去更难以收拾。泼出去的水可以蒸发，而说出来的话，可能会在某个人身上产生很久远的影响。

夫妻要杜绝暴力沟通可以从以下几个方面入手。

第一，学会观察。夫妻之间沟通不畅最本质的原因是都有先入为主的想法。一看到丈夫或妻子没按照自己的意愿来，不是先去观察究竟对方为什么这样，而是直接发飙。暴力沟通说出来的话往往过分绝对。如果先观察一下对方，也许有些话就不会直接脱口而出。

第二，要体会和表达感受。倾听感受就是建立同理的过程，人一旦被同理就会敞开心扉说出自己内在的真实需求，从而使沟通更为顺畅。不要常用"我觉得"，而要用"你觉得"。"我觉得"是在表达想法，而非感受；而"你觉得"是在引导对方说出感受。

第三，倾听需求给予反馈。每个人都希望别人能够理解自己的"需求"，如果能够用心倾听而不是急于表达，那么当听到对方内在真实的需求时就会及时给予积极的支持与反馈，这样就能建立起顺畅的沟通。当听到别人对自己说不中听的话的时候也要及时说出自己的需求，而不是立刻回应同样不中听的话。

第四，请求帮助。很多夫妻明明希望得到对方的帮助却不直接说出来，而是用一种责备和指责的方式来发泄情绪，其实，你只需要将自己的真实想法表达出来即可。比如，与其说"你怎么就不顾家呢"不如换成"我这段时间很累，需要你帮我"更有效果。

每个人都不是圣人，不可能天天口吐莲花，但不断学习提升自己的沟通能力，无论是对工作还是对家庭都大有益处。

互相给予而非过度索取

曾看到过这样一句话："成熟的两性关系，应该就是'放低了对对方的期待，相信对方可以处理好自己的事情，你只是一个支持者和陪伴者'。"如果夫妻中的任何一方对另一方抱有不切实际的期望就会变成索取。平稳的婚姻需要的是低期待、少索取、不苛求。人与人之间的关系无论是朋友之爱还是上下级之爱，都是付出多少得到多少，世上没有无缘无故的爱，先有爱出，才有爱返。尤其用在两性关系上，我觉得这个理念是和谐夫妻关系的最好的注解。就像电视剧《三十而已》中那句经典台词："婚姻不是避风港，都想避风谁当港呢？"

婚姻中的两个人，如果一方总是向另一方索取，也意味着正在透支这段关系，直到对方再也无法满足时，关系就破裂了。

有一则故事。

曾经有两个人相遇了，他们各自握着一个瓶子，却都不知道对方的瓶子里有多少水，但他们都希望在自己想要喝水的时候，对方能够从自己瓶子里倒一些水给自己喝。

他们就这样一路走，一路走，有时会遇到和风细雨的天气，有时会遇到骄阳似火的天气，有时经过绿洲，有时经过荒原。在这一路上，他们最大的矛盾就在指责对方不给自己足够的水喝。

最终，他们在经过一片沙漠的时候，大吵了一架，他们对彼此已经完全失望，认为对方太自私。他们分手了，并且后悔自己曾经给过对方自己瓶子里的水。

离开彼此以后，他们将自己的瓶子守得更紧了，轻易不会与别人分享，却总是期待能够找到一个给自己水喝的人。

然而他们直到分手都不知道，其实两人瓶中的水都少得可怜，他们最初并非不想给对方，只是因为自己拥有的水太少，甚至自己都不够喝，他们自然也无法给予对方足够的水。这个瓶中的水，就是爱。

我们每个人都像故事中的两个人一样，习惯去索取爱，而很少去付出；或者还有一种可能是自己本身爱就匮乏，又怎么能对别人慷慨呢？

我们常常听说婚姻不是"1+1=2"，而是"0.5+0.5=1"，相互付出并一起经营才是相处之道。一段舒服的关系，应该是双方都付出60%，这样在得到100%的同时，还有溢出的20%的空间随意调试。

我们看一个案例。

大林是一个老实本分的男人，因为爱上了自己的高中班花阿秀，所以从恋爱到结婚都一门心思地想要对她好。阿秀也心安理得地享受着大林对她的呵护与体贴。恋爱的时候阿秀提出任何要求大林都会想方设法给予满足，为了让阿秀体体面面地当他的女朋友，在大学期间大林一个人打三份工。结婚以后，大林更是一个人人都为之竖大拇指的好男人，做饭、做家务、上班，样样不落下。自从当了爸爸，大林上演着"忙碌的爸爸也是好爸爸"的角色，无论多少次起夜都是他在照顾孩子。他每个月的工资都交给阿秀保管。但是阿秀对大林的这份付出并不是十分满意。她从恋爱期间就习惯了想买什么买什么，结婚以后依然如故。孩子交给婆婆带，自己则是约三五个闺密不是逛街就是喝下午茶，生完孩子也不想去上班，整天嚷嚷着无聊却懒得出去工作。因为自己没有收入所以把丈夫的钱看得死死

的，大林买一包烟、加一次油这样的正常消费都需要向妻子报备；偶尔大林与同事和朋友出去吃顿饭都因为没有经济支配权而显得十分窘迫，时间久了朋友们都知道大林是个"妻管严"，于是大家出去聚会的时候都有意无意地不再喊他。大林对自己的老婆好无可厚非，但妈妈心疼儿子，看着自己的儿子一个人挣钱养家，阿秀不但不心疼他还苛刻地监管他，婆婆不乐意了，于是提出既然儿媳妇不上班，自己就不打算帮着带孩子了。婆婆走了，阿秀不但没有意识到自己的问题，反而责怪大林不会处理家庭问题才导致婆媳关系不好。大林提出让自己的妻子也找份工作，免得与社会脱节。阿秀却又哭又闹说大林变心了，开始嫌弃她了。而大林心中也有苦说不出来，每天借酒浇愁，对阿秀也的确不再像之前那么上心了。

这个案例中的妻子就是一个索取型的人，她没有理解丈夫的不易，也没有意识到自己需要成长。

最好的夫妻关系就是：你知道我在外挣钱的辛苦，我体谅你在家带孩子的不易。好夫妻都懂得相互体谅，而不是一个只知道"坐享其成"，另一个却不断付出。因为"付出"的过程就是消减的过程，一个人付出得比较多，慢慢就会产生倦怠和无望，他会觉得自己一直付出也得不到对等的回馈，这样内心就会渐渐失衡。

所以，如果婚姻中一方付出一方索取，那么这段婚姻早晚会陷入危机——因为一旦对方没有付出，或者对方的付出没有达到索取方理想的状况时，索取方就会对婚姻失望，认为对方不再爱自己了，对自己冷漠了。

面对婚姻最好的态度是，不要去索取对方，并且自己要主动付出。当然，这有一个重要前提，就是对方也是同样的人，那么这段关系就会很幸福了。不然，就会变成一方无节制地索取、另一方无比痛苦地付出的状况。正如《亲密关系》一书中讲的，大部分人在亲密关系中，都在这两条路中游走：第一条是注重个人需求，无止境地向对方索取；第二条是放弃期望，永远把自己与伴侣的快乐一并当作优先的选择。如果我们一直顺着第一条路走，那就会一直对伴侣有所要求，甚至是控制对方的言语行为。但人心是很难得到满足的，长此以往，我们不仅自身会产生源源不断的沮丧感，还会跟伴侣不停地发生争吵。那这段感情，必将走向失败。

幸福婚姻的秘诀是在每天的日常琐事中靠近配偶。每天安排一两件为配偶做的小事，或者和配偶一起做的事，你的情感银行就在增值。这样你俩就都会知道怎样才能更好地靠近对方。当你们做好第一件事的计划并达成协议时，夫妻关系就开始改善了。

幸福需要爱的语言

不同的夫妻有不同的沟通方式，有的夫妻之间温言软语，蜜意浓情，日子越过越有温度；有的夫妻斗嘴互掐，可也是其乐融融，道不尽的天宽地阔；还有的夫妻则是一开口如华山论剑，咄咄逼人，夹枪带棍，泥中隐刺，伤人伤己，活生生的互爱互虐。

有人说："好好说话，就是把对方放在心上。"

有人说："说话声音的分贝高低决定了彼此之间距离的远近。"

有人说："好好说话，就是情商的最高表现。"

而我觉得，好好说话，才是夫妻间最真的爱！言语中带着情绪，能给人以温暖和希望，也能给人以打击和伤害。所以，想要幸福就需要说爱的语言，少说让双方受伤的语言。

如何去说爱的语言呢？

比如，妻子追剧正开心，丈夫来句："你怎么总看这些没水准的东西，真无聊，宫廷剧你争我斗是给傻子看的，又没营养又浪费时间，有这工夫你还不如看看戏剧小品呢。"这是不会说话的表现。如果用爱的语言，就会说："又看格格娘娘太上皇呢？我老婆就是这点儿爱好，一部剧看到能把台词背下来才罢休。"这话听了就比前面的话让人舒服。

比如，妻子买了件新衣服让丈夫看，丈夫瞟了两眼就开始说："你这衣服不便宜吧？真的不好看，你衣柜里的衣服都能开服装店了，还买，真不知道你们女人为什么就那么败家！"这话听着不舒服。会说话的丈夫会说："我老婆穿什么衣服都好看，这件衣服有点配不上我老婆的气质呀，买衣服别怕贵，要买好衣服。衣柜里那些不入老婆眼的该扔就扔。"这话听着就舒服。

比如，丈夫发了奖金，回家高兴地对妻子说："我发了两千元。"妻子说："才两千元，至于嘚瑟成这样吗？还以为是两万元呢。"这话听着就不舒服。如果会说话的妻子则会说："哎呀，真了不起，我老公很能干，得奖金了，我和孩子又能吃大餐了。"这话谁都爱听。

比如，丈夫喜欢球赛，坐在沙发上看直播，有个他喜欢的球员进球了，这时候他会因为开心找妻子分享："帅吧，这个球员多棒。"如果妻子说句："真棒，这支球队厉害。你的眼光不错。"这话会瞬间拉近与丈夫的心理距离。而如果妻子对丈夫的情绪和感受并不在乎，或者妻子本来对丈夫看球赛不做家务心有不满，也许会脱口而出："别人进球跟你有什么关系？看你手舞足蹈的，赢了球的奖金跟你有半毛钱关系？"这样回应，有可能像一盆凉水把丈夫刚刚燃起的快乐之火浇灭，他不但不会认为妻子可爱，还觉得她有些可恨。

所以，爱的语言就是高情商的语言，不用故意奉承和迎合对方，却能让对方从语言中听出鼓励与信任。

有一个值得大家借鉴的故事。

小双丈夫出差两天。当时正好是三伏天的中伏，每个人都恨不得天天关在屋里开上空调，外面就像桑拿房，一出去就一身汗。结果丈夫走的第二天家里空调就坏了，小双就给丈夫打电话，问他，空调坏了，我是直接打电话叫人来修还是等你回来看看。得知丈夫第二天下午就回，于是小双忍着燥热等他回家。丈夫出差回来挺累的，但也觉得空调修不好太热，于是马不停蹄地搬了把梯子就开始修。结果捣鼓了半天，满身是汗，空调依然没有任何反应。他越弄越烦躁，最后彻底放弃，从梯子上爬下来。小双问他，怎么样，弄好了吗？

结果，小双的丈夫皱着眉，劈头盖脸就对她说："我在家天天用空调都没坏，怎么我刚走，你就把空调搞坏了？！"

小双一听就火了，又委屈又生气，心想：这么说太过分了吧，空调正好这个时间段坏了，只不过我碰上了，关我什么事！

她刚想反驳，突然看到丈夫满头的汗珠，马上意识到，这个时候不应该说过激的话，而是应该说点好听的，他那么累也没修好，本来就很有挫败感。于是，她递了条毛巾给丈夫并说："我也不知道怎么搞的，空调跟你一起出差了，老公想着回来，空调却泡妞去了。"说到这儿小双乐了；丈夫抹了一把汗，也乐了，脸上本来因空调修不好而有些恼怒的表情也一点点舒展开来。本来就要爆发的一场争吵，因为小双一句智慧的话化解掉了。丈夫也意识到自己刚才说的话不好听，于是对小双说："对不起老婆，我刚才不应该指责你。"最后两个人一致决定，给空调厂家打电话。

故事中的妻子幽默又大度，还非常有情商。

有句话说得好，所谓的恩爱夫妻，无非就是在快要吵架或憋不住火的时候，心中生起的刹那柔软，生起一种对配偶的心疼。这个心疼从心里释放在嘴上，就变得不再刻薄。

设想一下，如果故事中的妻子不是马上控制自己的冲动，而是任由自己的自动化反应发生会怎么样？当她爱人对她说："我在家天天用空调都没坏，怎么我刚走，你就把空调搞坏了？！"

她回一句说："你有毛病吧，这种事儿能怪我吗？你有本事，你不也没把空调修好吗？"（狠狠一戳，正中靶心）

丈夫被戳中了正想掩饰的部分，更生气了："我跟你说过多少次了，电器插头用完要拔掉，你就是不改。你要不这样，空调能坏吗？我出差累得半死，回来都没休息一下就修空调，你什么态度！"（控诉）

妻子看他翻旧账更生气了："又不是我要你修的，还不是你想逞能，是你自己说不用打电话的，自己爱逞能，怪谁啊！"（再狠狠一戳）

这样的对话，不吵翻天才怪。

每个人都有自己的语言，学习用爱的语言和伴侣沟通，就很容易达到双方的情感满足，从而让一段亲密关系愉快地继续。如果说话能够照顾到对方的感受，也能够听懂对方的爱语，这段感情就能保持健康成长的状态。

所以，无论我们是否处在婚姻关系中，学会说爱的语言能够帮助我们去理解他人并建立和改善一段亲密关系。

正确表达自己的需求

不少夫妻之间出现感情问题的时候，女方总是习惯说在恋爱的情况下对方是多么善解人意，而结婚以后就对自己没有包容心，不知道体谅，甚至忘了重要的日子和给自己买礼物。男方也总是会说，恋爱的时候她要什么会明确说出来，结婚以后却总爱拐弯抹角让他猜心思，猜不对就发脾气闹情绪。

这么一看，自然是各说各的理还人人都有理。但在这种互相诉说的背后往往暗含着这样的意思："他不懂我""我不懂她"。其实形成这种状态的原因往往是夫妻之间很少有需求的表达，即使很想让对方帮助一下，也不会给对方表达出这个想法。之所以不表达出来，原因很简单："在一起那么多年，他应该主动去帮我，而不是我去要求他。再者，提出自己的要求，感觉像是向对方索要，而不是对方给的。"

需求只有明确说出来对方才不用猜心思，而且这样的沟通既直接又不会引起误会。所以，需求在人际交流、沟通中占据了主要因素。最稳定深切的情感关系，是以没有障碍的沟通作为基础的。你需要什么都应该直接告诉他。对他有什么要求，也要及时告诉他，把问题解决在萌芽状态。

我们看一个案例。

有一位妻子对情感专家说自己的老公不懂她的心，每次买的礼物，都不是自己喜欢的。虽然他送礼物的心是好的，但实在不喜欢。结婚七八年

丈夫送的礼物都不是她想要的。情感专家问她，这种情况持续多久了？是第一次收礼物就不喜欢还是收过 N 次不喜欢的呢？她说，结婚到现在已经八年了，孩子都快上小学了，他还是老样子，从来不知道我要什么、我喜欢什么。情感专家听了她的诉苦，直言不讳地说问题出在她的身上。她有些惊讶。情感专家给她分析：一个男人能想着给妻子买礼物非常难能可贵，有百分之六七十的男性朋友，在结婚后会因为忙碌、粗心或记性不好，不再记得给妻子送礼物。要么是忘了什么节日，要么是不会买礼物。而你的丈夫能惦记着给你买礼物，算是稀有物种，得好好珍惜。

她接着说，可他买的东西并不是我喜欢的。比如，我喜欢比较短一些的裙子，可他买的是过了膝盖的，成心把我打扮成大婶儿。我喜欢颜色艳丽的，可他总是买一些灰黑色系，土里土气的。再说说送花儿，我当然也喜欢红玫瑰或蓝色妖姬，再不济也该送百合，你猜他送我什么？竟然有一次送我的是蔬菜花束，里面是花菜、芹菜、香菜……各种食用菜组成的，当时没把我气晕。

这个案例中的妻子是一位幸福的人，因为从她的身上我们看到了背后有一位体贴温柔的丈夫，会送礼物，会送花儿，还挺有创意。但这位妻子却不喜欢，原因在哪里呢？就在于这位妻子从来没有对丈夫说出自己真正的需求。比如，她喜欢年轻化的衣服就可以直接跟老公说："不要给我买长裙，我喜欢短裙。"她喜欢花就可以直接说："不要给我送蔬菜，我要玫瑰。"而不是等到老公买了以后自己不喜欢而去抱怨。

《如何在爱中修行》一书中有句话："如果你不将自己对他人的需求真实表达出来，你就是将爱拒之门外。"不明确表达需求，爱人就无法精确地满足你的需求、使你感受到足够的爱，而这正是夫妻矛盾不断的根源。

心理学上认为，如果一个人不能说出自己的真实需求，往往会转变成一种"抱怨",但抱怨的背后依然是内在需求没有得到满足造成的。表达真实的需求就是不去指责对方,不去评判对方,而仅仅是谈对方这样对待我的时候,我的感受是怎样的,仅仅是谈我自己的感受。这样的交流会减少冲突,双方都会感觉比较安全,没有威胁和压力。而当你更容易地把真实的感受表达给对方的时候,也会更容易有真正的交流,而不会再陷入心理游戏的无效沟通当中。

说得简单些就是告诉对方你要的,而不是你不要的。

比如,先生不希望自己的太太花钱太大手大脚的,不要说"你能不能别那么大手大脚花钱",而要说"老婆我希望你要节俭一些"。不希望妻子总发火骂孩子,与其说"我看不惯你总是对孩子颐指气使地发脾气",不如说"我喜欢看到一个温和美丽的妻子和妈妈"。

比如,太太不希望自己的先生总是晚回,不要说:"你每天回这么晚,心里还有这个家吗?"而要说"我希望老公下班早点回来,我和孩子都等你"。不希望丈夫抽烟,不要说:"你就不能戒烟吗?"而要说"老公要能戒烟就好了,对身体有处好"。

大部分夫妻因为不去表达自己内在的真实需求,而误解对方的爱。也许丈夫拼命赚钱想给家里更稳定的经济基础,但妻子却更需要丈夫能够抽出时间陪陪家人。这个时候如果妻子不说出真实的需求而是抱怨丈夫只顾工作不顾家,那么丈夫就会非常委屈,觉得明明自己是为了这个家,还得不到妻子的理解。如果妻子直接跟丈夫聊聊,告诉他,比起他挣钱,更想要的是他能早一点儿回来陪伴她。那么,丈夫明确知道了妻子的想法之后,下次再遇到拼命加班挣钱的时候,就会想着妻子在家等他。

反过来也是如此,妻子辛辛苦苦在家做家务、带孩子,丈夫却并不领情,反而觉得这样的妻子没有圈子只懂得在家围着灶台转,从而对妻子的

付出视而不见。如果丈夫能够直接对妻子说:"家务活虽然重要,但更希望你能够多爱自己一些,和家人出去转转,看个电影。"

所以,我们都不要犯明明想要什么却不说而让别人猜心思的错误。这样对方即使付出了,也很冤。只有明确告诉对方想要什么,才能让双方不用互相猜心思。直接说出自己想要的,更利于对方做出回应或改变。

爱别人的同时不能丢了自己

网络上流行一个段子:能给女人安全感的唯有明媚的阳光、繁华路口人行道的绿灯、出门时口袋里的钱包和钥匙、手机里显示的满格电,以及银行卡上的数字……

这个能够引起大多数女同胞共鸣的段子道出一个真理,女人的独立性很重要。这份独立性就是不依附谁、不苛求谁,能够自由自在地活、随心所欲地爱。

在多数情况下,经营不好婚姻的人首先是没有经营好自己。爱别人的时候丢了自己,或者连自己都没有活明白又怎样有爱别人的能力呢?当一个人遇到想不通的人、沟通不了的人,最好的办法不是"钻在牛角尖"里出不来,而是通过爱自己来转移注意力。

那么,我们该如何爱自己呢?建议有三。

首先,要投资自己。除了让自己体态外貌经得起时间考验,还要努力提高自己的精神、学识、修养与品位。往往一个人的外在和内在都得到了提升,是不屑于在小圈圈里打转的,会有更加广阔的心胸来看待自己和别人，用更加理智的头脑去处理家庭中出现的麻烦。当一个人投资自己的时候，不要把配偶冷落在一边，而是在兼顾对方的同时不会忘了自己。比如，有些拥有大度精神的女性，她们既上班，又包揽家务，细心带孩子，甚至收入比男方还高；但她们却不懂得投资自己，最后成了黄脸婆，老公开始嫌弃。比如，那些还没到中年的男性就有了油腻腻的样子，不是拿着温水泡枸杞就是大腹便便没有了年轻活力，如果再要不求上进，又怎么能够有魅力让妻子越看越喜欢呢？

巩俐在接受记者采访时说过："一个女人，并不是你长得十分漂亮，找到一个好老公，你的人生就完美无忧永远幸福，而是你需要投资自己，经营自己的一份事业，这才是最可靠的和保持独立的方法，也是保持自身价值的最好方法。"同样，我们看到很多事业有成的男性，时刻不忘保持自己年轻健康的体态，既要有经济实力又要有年轻活力，这就是投资自己。

其次，充实自己。一个人眼界越小看到的问题越多，如果眼界越宽反而看到的问题越少。社会的发展日新月异，如果夫妻双方有一方进步一方停步不前，慢慢地价值观就会拉开距离；如果双方都进步，那么就会因为彼此成长和相互影响而一直保持新鲜感和互相欣赏；如果双方都在停步不前，那么一定会在生活的一地鸡毛中迷失方向。每个人的兴趣爱好、专长和认知都各有差异，所以完善自我也存在差异。无论怎样，增加知识储备是每个人必不可少的。我们在看待任何事物的时候，都是基于我们已经掌握的各种知识，从而对其进行评价。我们对待自己也同样如此，你会对自己的行事进行评价，认为自己是一个什么样的人，这便是自我认知。我们想要对自己进行较为客观的评价，对未来的人生做合理的规划，就取决于我们对知识的掌握多寡与运用方式。获取知识的方式有多种多样，你可以

看书，也可以通过互联网汲取知识。如何去获取知识并不重要，重要的是你有没有继续学习的心态，这取决于你自己。

最后，与自己和解。很多时候夫妻之间矛盾的形成往往是自己跟自己较劲。婚姻中的酸甜苦辣，是每一个置身"围城"的男女主角感同身受的。一段亲密关系中，接受婚姻的不完美正如接受自己的平凡一样，是一个人成长的标志。如果自己的配偶不让自己满意，生活不让自己感觉如意，那么先放下别人看看自己，是不是自己在和自己拧巴、较劲。一个人先把自己捋顺了，其他事情也就顺了。

这一生，我们最需要修的功课，也许不是如何去爱我们的父母、我们的伴侣、我们的孩子，而是如何真正地爱自己。因为，一个不爱自己的人，没有能力去爱任何人。一个不爱自己的人，也无法得到真正的幸福和快乐。

学会述情，更容易爱和被爱

在心理学上有一个专业名词叫"述情障碍"，意思是说一个人不能感受到自己的情绪，或能感受到自己的情绪但无法表达出来。一个人不会表达自己的感受，别人就不知道他的内在感受和心理特点，也就不知道如何做才能让这个人开心，如何做这个人会生气，从而不知道该如何更好地与其相处。这样的人，是不易爱的人，也容易在情感关系中遇到问题。

述情是指用不伤害关系的方式表达自己的需求、愿望和感受。人们在表达和沟通上常犯的错误是，要么有了情绪或需求不说，闷在心里，隐忍，等到忍不住就爆发了，要么就是常常用指责和抱怨的方式表达和沟通。隐忍伤自己，指责和抱怨伤害对方。说得简单些，就是当我们学会去正确表达自己的内心感受、感情的时候，别人就会理解你，就不会误解你，那么就会少很多矛盾，从而会多了体谅与理解。

夫妻之间如果出现"述情障碍"的话往往无法辨识自己的感受，也无法表达情绪，这样很难与对方达到情感上的有效交流与融合。这样的人在婚姻里就可能成为情感"色盲"，既不会爱别人也不会得到爱，反而会增加很多因为不会述情而导致的矛盾与麻烦。

比如，一位妻子说前几天和老公吵架了，因为老公开车太快，差点蹭到另一辆车。她想提醒老公不要开那么快，就说："你总是开那么快，都说多少次了？"老公不服气，怼了她："我这不是为了躲车吗？事儿真多，不想坐就下去。"她当时就气哭了，要不是车流滚滚，她真想开车门下去，觉得丈夫既无趣又无理。

又如，有一个女人声泪俱下地控诉老公，她关心他，不让他抽烟，他却不听。无论怎么说，都不听。她很生气，认为他已经不爱她了。实际上，爱老婆和抽烟对于男人来说完全是两码事。如果女人非要过度解读，只能自己承担自己制造出来的负面情绪的恶果了。

试想一个场景。

在外受了委屈的妻子，回到家对丈夫发脾气："你能不能把你的鞋子摆放好！东倒西歪，成什么样子！"

刚回家，同样心情欠佳的丈夫立刻回嘴："放那里碍你啥事儿了？"

接下来发生的事情，要么是激烈的吵架，要么是互不搭理的冷战。但无论什么形式，势必都会影响夫妻之间的感情。

假如妻子进门的时候就把自己的感受说出来："我今天心情太糟了，

看到家里乱糟糟的,你把鞋子扔一地更烦躁了。"丈夫肯定就会体谅妻子的心情,不但把鞋收拾好,还会安慰妻子。

述情的魅力就在于此。同样的意思不同的表达,效果就会不同。通过述情告诉对方自己的真实需求和感受,这等于给对方了解自己指了一条清晰的路线,遵照这条路线,对方可以更好地理解你的意图。在亲密关系中,如何表达自己是一项重要能力。如果你学会了表达自己的感受,那么争吵至少会降低一半,幸福感会提升一倍。

那么家庭生活中应该如何正确地表达情绪呢?

第一,心情不好直接告诉对方。每个成年人生活都不容易,在外面难免会有情绪不好的时候,往往容易在家人面前"报喜不报忧",这样配偶根本不知道你内心的波澜,又如何去避免在你情绪的火上浇油呢?试想,如果丈夫因为在公司受了领导的气,回到家里为了不让妻子担忧,于是假装什么事都没发生。而妻子也许正因为家务事烦心想要抱怨,她并不知道你情绪不佳,于是两人就导致了互相不理解。假如丈夫进门就告诉妻子自己心情不佳,妻子一定会把自己的牢骚收起来。所以,如果你告诉爱人自己心情不好,这样爱人是不是就能照顾到你的心情,用心呵护你呢?你很快就会从负面情绪里走出来,没有了负面情绪,两个人相处就更加和谐了。

第二,当对方让你感觉不好或好的时候,说出你的感受。夫妻两人难免会因为一句话说得对方不舒服,这个时候有的人会选择忍,把不舒服压在心底。但是忍的最后结果就是忍无可忍,总有一天会爆发。也有的人会选择当下发飙,用同样不舒服的方式回敬对方。无论是忍还是发飙都不是好的处理方式,正确的方式应该是把自己的感受直接告诉对方,这也符合述情的基本公式:事实+感受。比如,夫妻两人一方爱说脏话,最好的方法是第一时间说出感受，告诉爱人"亲爱的，你讲脏话我听着不舒服"。这样他以后说话就会注意分寸，就不会影响你的情绪了。如果爱人做了让你感到幸福的事，你也要即时回应，比如"你为我做了早餐，我非常高兴"。

第三，多用商量，少用命令。好的夫妻说话都是有商有量的，都能够提出一个主张还要征求对方的意见。比如"我想让孩子学个才艺，想听听你的意见"，这就是一种商量的语气。这种沟通方式也会让爱人觉得被尊重，是这个家庭的一分子，有参与权和决策权。

第四，多说"喜欢"，少说"不喜欢"。那些习惯将不喜欢挂在嘴上的人往往是情绪不稳定的代表，总是用挑剔的方式去看问题。比如，妻子炒了几个菜，丈夫说"这菜我不喜欢""那个菜我不爱吃"，妻子听到这里就会说"你喜欢什么你自己去做"。如果丈夫开始就说"我喜欢什么菜"，妻子就知道对应着去做，而不是做过以后被挑剔。

总是说自己不喜欢什么的人，给人的感觉是消极的。善于表达喜好的人，给人的感觉是热爱生活、很好相处的。比如用"我喜欢你早起"代替"我不喜欢你睡懒觉"。同一件事情，只是句型变化，给人的感觉就会完全不同，这就是"述情"的魅力！

所以，在情感关系里，需要经常说"我喜欢"这个句型，让爱人知道你喜欢什么、向往什么，这样会让人感觉舒服，而且知道如何做能令你开心！

第五，说"我希望"，不说"你应该"。以"我希望"开头的句型听着温和柔软，以"你应该"开头的句型听着很生硬、有命令的语气。"你应该"是从"正确"的角度在讲，是讲"理"的，即这样做是对的、不这样做是错的，上升到了"对和错"的高度。"我希望"没有说对方不这样

做是错的，没有评价对方，只是告诉对方，我很希望你这样做，这是我要你爱我的方式，是从"愉快的事"的角度讲，是讲"情"讲"爱"的。做"你应该"的事情，对方的感觉是屈服；而做"我希望"的事情，是因为爱你。

学会用上述的方式沟通，也就掌握了"述情"的内涵，这样夫妻之间的感情也就会更加融洽而减少很多不必要的误会和摩擦。

共情：让幸福更长久

"共情"是心理学上的专属名词，它讲的是咨询师在与求助者沟通的过程中，能够站在求助者的位置上，去体验他的情感和思维，尽最大努力和求助者统一战线，增加求助者对咨询师的信任，从而达到帮求助者解决问题的目的；也是指拥有体验别人内心世界的能力。

美国心理学家亚瑟·乔拉米卡利提出，我们之所以烦躁、焦虑、压力大，是因为没有自我意识，没有共情能力。如果说在工作中，有时还需隐忍，不能表达自己的情绪，但是在家庭里，很容易通过语言和行为，或压抑或爆发，来体现无奈、冷漠、愤怒、委屈的情绪。如何摆脱这样的情绪，如何能够在单调无聊的生活中还能保持积极、乐观的心态，提高共情能力，是一个非常有效的解决方法。

共情的沟通，是要站在对方的角度，体恤对方的感受，用我的心贴着你的心，在情感的真切共鸣中，传达出自己想要表达的东西。

小敏原本是一家公司的财务主管，婆婆由于身体不好不能全天帮忙带孩子，于是小敏只好辞职在家当起了全职妈妈。最初婆媳相处倒也可以，可是时间一长，婆婆发现媳妇儿不挣钱还花钱大手大脚的就会说："自己不会赚钱，又不是没衣服穿，还不懂得省着点。"有时候约朋友出去聚聚，婆婆也有意无意表现出不高兴。尤其是当小敏给父母买东西的时候，婆婆就会说她儿子一个人辛苦挣钱却还要养着丈母娘一家人。小敏听得多了心里不是滋味儿，也就偶尔会与婆婆起摩擦。好在老公是个包容又智慧的男人，每当小敏受委屈的时候，就轻轻搂着她的肩膀说，老人家心疼儿子难免说话嘴碎些，没有坏心，别太往心里去。然后背着小敏也会拉着母亲的手说，小敏很不容易，又做家务又带孩子，她不是没能力，而是目前条件不允许出去赚钱，母亲要多理解。家里人关系处好他才能安心工作。这样婆媳很快冰释前嫌。小敏也由于丈夫的体谅与共情，觉得自己为家付出多少都值得，并且找到了好几家兼职的财务工作，一边带孩子一边工作。

我们每个人都需要被接纳，也需要接纳别人，当接纳与被接纳处于同频的时候，就是共情在起作用。

在《接纳》一书中说："你知道每个人最喜欢的人是谁吗？ 原来每个人最喜欢的人是自己，其次便喜欢能够接纳和理解自己的人。 你知道每个人最讨厌的人是谁吗？ 原来每个人最讨厌的人是那些不能接纳自己的人，也就是在想法、感受、性情、志趣、为人处世等方面都和自己格格不入的人。"

如果人不理解人，就不会有彼此的共识，就会形同陌路。如果人不接纳人，就不会有合作，就会导致每个人都是孤立的存在。世界上没有完全相同的两个人，所以人与人之间要学会接纳彼此的差异，特别是夫妻间更要学会完全接纳对方的差异。

很多时候夫妻之间出现分歧和矛盾皆是因为没有共情惹的祸。大部分

人都不愿意站在别人的立场上来看待问题。一个拥有共情的人，既能宽容自己，不钻牛角尖，也能够真正地接纳对方。

所以，共情力就是站在宽容自己的立场上去考虑别人。你期望别人怎么对你，你就怎么去对别人，这是心理学上的"黄金法则"，也是真正的共情。如果希望先生抱抱、端杯水、体贴、温和等，那么就这样去对待他。

人在多数情况下不会用对待自己的心对待别人，不能站在对方的立场上考虑和思考，所以更谈不上感同身受，总觉得别人不理解我们，而不在自己身上找原因。其实真正能够得人心的人，都是懂得从不同的角度看别人，看自己的人。

用对待自己的心对待别人，说到底就是一种爱的能力，也是一种非常强大的共情能力。

在《天才在左疯子在右》一书中有一个关于心理治疗师对病人的共情。

有位精神病人，觉得自己是一只蘑菇，于是整天蹲在墙角不吃不喝。如果没有共情力的人可能会直接说"你是人，不是蘑菇，赶紧起来吃饭"，这样说对方并不会领会，尤其是对于一个精神病的患者更是无法奏效。而负责治疗这位患者的心理医生则撑了一把伞，蹲在病人的旁边。

病人很奇怪地问："你是谁呀？"

医生回答："我是一只蘑菇呀。"病人点点头，继续做他的蘑菇。蹲了一会儿，医生站起来走了一会儿。病人不解地问："你是一只蘑菇怎么能动呢？"

医生说："蘑菇也可以动啊。"

他说："哦，原来做蘑菇也可以动。"所以他也就跟着动。

然后医生开始吃饭，他就问："你怎么可以吃饭啊？"

医生回答："蘑菇不吃饭怎么长大？"病人觉得对，也开始吃饭。

几周之后，这个患者就能够像正常人一样吃饭和活动了。

这个故事给我们的启示就是：真正的"共情力"就是别人遇到困顿时，陪着他、和他做一样的事就好了。而他必然能够找到让自己快乐起来的能力。

只有学会共情，才能触摸到别人心底的柔软，才能用自己的善良，真正对他人有所帮助。

夫妻间情感联结最持久也最紧密的一点，就是共情。不管发生什么事情，彼此都会站在对方的角度考虑问题，相互体谅、理解。具备这一能力的夫妻，感情才能长久。

允许：尊重彼此的差异

法国心理学家吉拉尔·博内指出："我们只有面对一个与自己不一样的人时，才会产生爱情的眩晕。"所以，夫妻之间存在的种种差异，正是产生爱情的源头活水。情侣之间的差异是他们相爱的起因，正是这些差异让我们向对方靠近，令他/她有吸引力，因为他/她是独一无二的。

爱人之间吵架，发生分歧，很多时候都是因为不允许所导致的，即不允许对方跟自己不一样，不允许对方有些缺点，要控制对方或改变对方。在面对伴侣时，很多人觉得：我的感受比你重要，我的观点比你重要，我的期待比你重要，我的工作比你重要，我的父母比你重要……那么，伴侣

很自然地感觉被拒绝、被抛弃或者不被理解，于是争吵或者冷战出现，夫妻的亲密关系就被破坏了。

婚姻关系中的两性也因为彼此不同，互相有差异，才能相互吸引。但是，这些当初吸引我们的独特之处，后来却会成为我们关系冲突的根源。接受彼此的差异不是那么容易的事。

尊重和接纳差异不是意味着谁迁就谁、谁服从谁或谁压制谁，而是在不断相处的过程中和对方一起成长。婚姻当下的喜乐与挑战是两个不同的个体学习彼此互补，二人联合成为一体。男人与女人是不同的，差异性的存在是为了让"1+1>2"。因为不同，异性具有吸引力，但同时也会令人不快。

我们看一个案例。

小唯是个急性子，说话快办事快，连吃饭和上厕所都比别人快。从小家里人就说找对象一定要找个慢性子，不然两个急性子太毛躁一擦就起火。结果小唯找了个对象的确是个慢性子，无论做什么丈夫都是慢吞吞的样子，两个正可谓是"急心疯遇到慢郎中"。最开始还好，小唯火急火燎的性格在慢一拍的丈夫影响下也变得沉稳了不少。但时间一长急性子小唯就受不了慢性子丈夫了。坐公交车，快到站之前小唯提前候在门口，而丈夫坐在里面直到车停稳车门打开才起身下车，往往是他最后一个下车。赶个火车，小唯提前很久就进站候车了，但慢性子丈夫却非要耗到检票的大队人马都挤着走完才慢吞吞地跟在队伍的尾巴后进站乘车。为此有好几次差一点误了上车。在家上厕所，小唯很快就能解决，而丈夫一旦把自己关在厕所里，没有个把小时是肯定出不来。尤其是后来有了孩子，在对待孩子的态度上，两个人的差异越来越明显。孩子饭桌上磨蹭，小唯这个急脾气就不停地催促孩子加快速度，而丈夫则是另一种观点，认为什么都可以快,唯有吃饭这件事不能催促孩子,让孩子细嚼慢咽才更健康;小唯怕孩子输在起跑线上,孩子未满两岁就想给孩子报早教班,而丈夫则说孩子不要过早开发,他选择不让早教。总之,各种各样的观念差异、性格差异,导致小唯非常苦恼。丈夫面对急性子妻子也非常苦恼,他总觉得不是自己慢而是妻子太快了。很多时候,因为小唯的急躁忍不了丈夫的慢和在她眼里的磨蹭,她把自己变成了一个"炸药桶",随时都会引爆。孩子每天看到的是父母互不认同,尤其是妈妈总是看不惯爸爸的慢半拍。时间长了,孩子开始根据实际情况有了选择,跟妈妈在一起的时候,他尽量变快,以适应妈妈;跟爸爸在一起的时候,他尽量放慢,以适应爸爸的节奏。孩子像个小大人一样,学会了在两个大人之间周旋。

这个故事中的场景是很多夫妻的真实写照。也有的夫妻是丈夫急性子、妻子慢性子,总之无论谁快谁慢,这也说明人与人之间有差异。

夫妇之间能够相互尊重对方的差异,才能够使婚姻得到幸福。如果希望两个人有相同的思想、意见和愿望,这是很可笑的想法,这种事情往往是不可能的,也是不受欢迎的。

差异有两种来源:一种是你和我是不一样的,另一种是你和我期待中的你是不一样的。夫妻感情能否长久,不在于双方有多么相似、双方有多么合拍,而是在于当发现对方的不同时,对差异的尊重程度。

如何做才是尊重差异呢?

首先要承认差异。没有哪两片叶子是相同的,人更是如此,夫妻两人从不同的原生家庭走出来组建起新的家庭,肯定会有不同。一定承认这种差异,不要将自己认为对的强加给对方,也不要认为对方就做得不对。也许两人没有对错,只是价值观和想法不同导致的差异,可以坦诚沟通,尊重彼此。

其次要理解差异。如果是不同民族的婚姻、不同国籍的婚姻，那差异应该更多，对方与自己不同的时候，要本着"我不赞同你的观点，却保留你表达观点的权利"，给予别人解释的机会。觉察到差异后，将差异摆到台面上，把话说开，把原因弄清楚，做到互相理解，就避免了单单因为差异，就上升到尊不尊重、在不在乎、爱不爱、还要不要过下去等十分严重的问题上。

最后是接纳差异。要怀着喜悦的心情去接纳与自己不一样的人，那样才能让自己进步，才能看到自己的不足，也才能让婚姻保持更多的新鲜感。试想，如果对方是一个跟自己完全一样的人，价值观、审美、性格等都一样，那多没劲呢？因为差异才能从对方身上学到自己身上没有的东西。接受差异，并不是让我们在婚姻中无所作为，而是在认识上更加客观、心态上更加平和。婚姻中，夫妻需要消灭的不是差异本身，而是努力去减少差异所造成的不利影响。

总之，差异是一件好事，它让我们尊重对方，相互影响，扬长避短，一起享受不一样的喜悦。

影响：你变了，对方就变了

夫妻相处有一个有趣的现象：一个邋遢的女人，背后一定有一个不爱干净的男人；一个爱抽烟的男人，没准儿他媳妇也抽烟。不是一家人，不入一家门，和你结婚的人，肯定是有很多地方都跟你很相近的人。

为什么呢？在心理学上我们可以归为"亲近者之间的相互影响"。很多人在看到某对夫妻的第一眼时，会说他们有"夫妻相"，但其实他们在结婚之前并不认识，也没有血缘关系，只是因机缘巧合在一起并结婚，为什么会出现越长越像的情况呢？两个经常在一起生活的人，在生活习惯上会越来越一致，而生活习惯会令一个人的外貌发生巨大改变，因此很有可能一个人与另一个人变得越来越像，而且这种相像不仅指长得像，也包括行为举止、肢体动作、语言神态等方面，从而让人觉得有"夫妻相"。

谁都无法改变别人，这是一个不争的事实。但人却可以影响别人，这也是不容忽视的。因为我们都是自由的个体，没有人可以强迫我们改变自己的思想或行为，但由于人是群居的动物，便会受到周遭人的影响。

有句话说，影响一个人远比教育一个人要管用和有效得多。做好自己，对方也会变得更好。每个人都会变，在爱情关系里的人更是会因为自己的爱人而变，可以说一个人找了不同的爱人就会变成不同的人。人有可能越变越好，也有可能越变越不好，那么，自己怎么做对方就会变得越来越好呢？这就是影响的能力。

在夫妻关系里面（也包括亲子关系），人格是平等的，所以千万不要老把自己放高，一放高，就会觉得对方低了，所以，夫妻之间，要多点欣赏和尊重，我们能改变的是先改变自己。

所有夫妇每天都会互相影响，借着我们的态度和行动，这种影响发生在每一天的相处中。比如，丈夫每天上班之前或下班回来的时候拥抱一下自己的妻子，并且对她说"我爱你"。用这种简单的行动和言语，便是在对妻子做正面的影响。相反地，如果丈夫进入屋里，直接走到卧室，或走到冰箱跟前拿一罐可乐，完全忽视妻子的存在，或者带着情绪挑剔妻子的外表和行为，他便是在对妻子做负面的影响。妻子极有可能对这两种态度有极不同的反应。对前者，会有正面的影响；对后者，很可能会有负面的

回应。每天都能得到丈夫拥抱亲吻的妻子，也一定会回馈丈夫更多的热情和爱怜。反之，如果被丈夫视若无睹并不断挑剔的妻子也一定会用相同的方式或者变本加厉的方式回应丈夫。这就是影响的力量。

心理学家研究发现：一个温顺女人变得泼辣，一定是因为男人不争气，她不得不出头；一个纯洁、清高的女人变得恶俗，一定因为是男人档次不够高。相反，一个平庸的女人，相貌变得可爱，眼睛变得灵光，举手投足变得有风度，一定有个好男人在起作用。同样的道理，一个男人文雅有修养，背后一定有一个同样通情达理的妻子在支持；一个男人懦弱没主见，背后也一定有一个颐指气使的女人在控制他。

婚姻中的两个人，如果在发现问题的时候，先从自身找原因，努力去认识自己的配偶并且爱对方，这是一切美满婚姻的基础。每个人用爱的力量和肯定的力量去影响对方，当对方有问题的时候，不去想着让对方改变，而是静下来想想自己有哪些不足、哪些过错导致了对方这样的反应，意识到自己身上的问题，从而不把事态扩大化，带给彼此的是益处，才不会毁掉或"逼疯"对方。

夫妻之间是一个互动的关系，也是一个彼此影响和互相树立榜样的关系，一旦有一个人朝着好的方向行动起来，另一个人也会跟着行动起来，形成良性循环。如果谁都不愿意改变自己，就会把婚姻引向死胡同。

能做互相尊重的伴侣，前提是不要总想着改变对方，而是自己先改变。自己改变，对方就能改变；自己成长，才能影响对方一起成长。

强势不强,示弱不弱

有位作家说过:"扬眉是一种能力,低眉却是一种勇气。"真正厉害的人,都是懂得示弱的人,都是低调的人,都是你惹不起的人。尤其是夫妻之间,越是懂得示弱的人其实才是内心强大的人,而那个处处要站高枝儿、争上风,很强势的人,往往是"纸老虎"。

有很多感情失败的案例,最典型的就是丈夫忍受不了妻子的强势最后投入别人的怀抱,妻子苦苦挽回,可丈夫头也不回。丈夫如此绝情的理由居然是:"你太强了,有没有我这个丈夫都无所谓,可她太可怜了,离了我她活不下去!"

在我们国家,男人受着传统"男尊女卑"的思想教育长大,甚至从小被灌输男子汉有泪不轻弹、流血不流泪,这样使男人往往骨子里觉得自己是个英雄,这些都会导致男人不愿示弱。随着社会的不断进步,女性文化程度在提升,工作能力也越来越好,经济和情感实现了双重独立,加之男女平等观念对女性的影响越来越大,女性更不太可能向男性示弱。所以造就了现在的夫妻逞强的多,示弱的少。

示弱是以退为进,把握情感关系的主动权,重点是在"示"。如何示弱就成为一种能力,更成为一种智慧。

据说被称为"铁娘子"的前英国首相撒切尔夫人是个极懂得示弱智慧的女人。有一个小故事说的是,撒切尔夫人参加完首相就职典礼后回家,

"嘭嘭嘭"的敲门声惊动了正在厨房为老婆准备庆祝宴的撒切尔先生。

"谁啊？"撒切尔先生随口问了一句。

"我是英国首相！"撒切尔夫人自豪地大声回答。结果，在她回答之后，门里没有了任何反应，也没人来开门。撒切尔夫人恍然大悟，意识到了问题所在，重新说了句："亲爱的，开门吧，我是你太太。"这一次，声音不高，但足够温柔。不一会儿，门打开了，她赢得了丈夫一个热烈的爱的拥抱。

这个故事给我们什么启示呢？连首相都要示弱，更何况我们普通人呢？一个真正懂示弱的人往往是很有能力也具备能量的人。如果夫妻之间懂得示弱，往往会让婚姻更幸福，两个人的关系更亲密。

有这样一个案例。

一天晚上，夫妻俩吵架了，男人特别凶，女人觉得很委屈，拎起包就要出门。这时，男人从她手里一把夺过包，大声呵斥说："你老实待着，要走我走。"说完头也不回地走了，留下气呼呼的女人。

那一夜，男人彻夜未归，女人心灰意冷。

早晨起来，女人打开门准备出去，发现男人站在门口，满脸笑意，手里拎着她爱吃的小笼包。然后男人嬉皮笑脸地进了屋，对着妻子又是道歉又是认错。

女人气渐渐消了，说："我生气不是因为吵架本身，而是你吵架后的态度。你一个大男人因为吵架离家出走，这是我不能原谅的。"

这时候，男人对女人说："因为我不想让你出去啊，你一个女孩子，半夜出去多危险，要出去也只能是我出去。无论咱们怎么吵，请你一定要记得我爱你。"听完男人的话，女人没有说话，拿起男人买回来的小笼包大口地吃了起来。

案例中的丈夫是一个有智慧的人，既能在生气的时候体谅妻子，又能智慧地示弱；既给了自己台阶，又不让矛盾加剧。

心学大师王阳明曾说过，弱者喜欢逞强，强者懂得示弱。夫妻之间争吵不休，更多是由于谁也不服软的硬碰硬。夫妻如果一方学会示弱，可以减少许多无谓的争吵。如果双方都学会示弱，可以避免许多不必要的争吵。主动的示弱，是一种能力与智慧，也是一种修养与格局。拥有这种修养和格局的人往往能用更多的智慧来经营婚姻。

美好婚姻，彼此都有边界

"边界感"是个比较抽象的词。举个例子，如果两枚有壳的生鸡蛋放在一起，它们始终会是两枚鸡蛋，不管走到哪里，它们都是按各自原本的样子存在；如果去除了蛋壳，那它们只要一靠近，就可能融合在一起，你中有我，我中有你，再想清楚地分开，就困难了。

引申到婚姻家庭中，边界感就是夫妻之间保持一定的自我意识。很多中国式家庭中，夫妻之间的边界感会很弱。他们觉得：我们是夫妻，理应你中有我，我中有你。甚至有不少人认为真正的爱是没有边界的，合二为一才是真正的爱。

似乎爱与界限很难兼得，这成了很多人深受困扰却理不清的一团麻。但是，若是真爱则一定要有边界，要不然就会把控制他人当成是爱。比如，一个妈妈将对孩子的人生牢牢掌控说成是爱，如果一个妻子将对丈夫的控制说成是爱，这都是无视别人生命具有独立边界的表现。

那么边界是什么呢？简单理解就是——在自己与他人之间画上一条分界线，隔出你我。我按照我的想法来做，不去控制你或者改变你，而你也按照你的想法来做，别来控制我、干涉我，便是最好的相处方式。夫妻之间的相处之道最好遵循"刺猬法则"。

"刺猬法则"来源于生物学家的一个实验。为了研究刺猬在寒冷冬天的生活习性，生物学家把十几只刺猬放到户外的空地上。这些刺猬被冻得浑身发抖，为了取暖，它们只好紧紧地靠在一起。而相互靠拢后，又因为忍受不了彼此身上的长刺，很快又各自分开了。可天气实在太冷，它们又靠在一起取暖。然而，靠在一起时的刺痛使它们不得不再度分开。挨得太近，身上会被刺痛；离得太远，又冻得难受。就这样反反复复，最后，刺猬们终于找到了一个适中的距离，既不太远，也不太近。这就是所谓的"刺猬法则"。

婚姻关系从某种意义上来说，也是一种距离关系。和其他类型的人际关系一样，婚姻中的两个人也需要适度的距离，并不是越密切越好。夫妻间要亲密，但不要无间。人与人之间必须保持一定的距离，相爱的人也不例外。

很多人在婚姻中都没有界限感，一旦结了婚，就认为对方是属于自己的，一定要按照自己的期望和要求去做，然后过度干涉对方，甚至改造对方，到最后却是两败俱伤。

比如，妻子不允许丈夫有秘密，习惯翻看对方的手机；丈夫不喜欢妻子有社交圈；妻子对丈夫严加看管，不允许其接近任何女性；丈夫不愿意让妻子有男性朋友。这些都是缺乏边界感造成的人为控制，这是一种不理智甚至不正确的相处之道。这些没有距离感的干涉并不是爱，而是对自己的不自信，也是对配偶的不信任。

所有男女走进婚姻的根本目的绝对不是寻找距离，而是满足一种亲密感和归属感。所以，在婚姻中，制造距离永远只是一种手段，追求亲密、信任才是婚姻的最终目的。在彼此信任的前提下，给对方留出一片自由飞翔的天空，也给自己留下一块可以驰骋的领地，这样双方才会拥有自由的心灵和多姿多彩的生活。

爱意味着亲密关系中的亲密程度既有亲密，又有空间。若太过亲密，则没有私人空间，让自己或他人"窒息"；而太过疏远，则会让人感受不到爱和温暖，让人不安全。亲密有度就是真正的边界。

第六章
给孩子打造有价值的原生家庭

婚姻家庭是孩子的底色

墨子曾说过:"人性如素丝,染于苍则苍,染于黄则黄,固染不可不慎也。"教育也是如此。孩子原本像白丝一样纯洁,如果把白丝染上青色就是青色,染上黄色就是黄色,所以第一道染色工序非常重要,不可不谨慎,家庭教育对一个孩子的巨大作用堪称"第一道染色工序"。

美国著名的教育家、哲学家威廉·詹姆斯博士曾说:"孩子生下来时是一张白纸,而最终这张纸是否能够被描绘成一幅精美的图画,完全取决于他们的父母。父母是塑造孩子的工程师。"

所以父母造就的婚姻家庭是孩子的底色。

随着生活水平的提升、父母认知能力的提升,越来越多的人不再把教育仅仅看成上小学、上中学、上大学,大家有了共识,认为要把一个孩子教育的大厦建牢固,就要好好打地基。十年树木,百年树人。人同树一样,想要成为参天栋梁,离不开深深扎根,而教育的根不在学校,也不在社会辅导机构,教育的根就在——家庭。

常言道,根深叶茂,根正苗红。那么,什么才是一个人的底色呢?在我看来,一个人的底色就是一个人的品德修养、行为习惯、性格品质、精神滋养、心理素质等这些非物化的内容,正是这些内容影响着一个人的一生。它们就像一个人的隐形翅膀,决定着一个人是否飞得远,是否飞得高。

家，可以说在我们中国人的世界里是最受重视的，我们可以从一辈又一辈的父母身上看到，为了让孩子成才，他们自己舍不得吃舍不得穿，也要把最好的物质给孩子，希望给孩子创造一个优越的家庭环境。在我做了这么多年的家庭教育以后，更是看到了家长都非常重视家庭教育、重视孩子、重视家。

怎样才能把家变成沃土，让孩子扎根，打好教育的牢固基础呢？在我看来，有几点值得我们家长共同学习和借鉴。

首先，在家里让孩子找到隶属感。所谓隶属，就是每个家庭成员都属于这个系统，被这个系统接受。

正常的"父亲、母亲和孩子"的三口之家，父母之间相亲相爱、相互尊重和认可彼此的价值，有很好的情感连接，孩子会感到很安全、很放松。孩子依恋和敬重父母，三人之间的"三边"关系都是"正性"的情感，则父、母、孩子构成"三边正性"的家庭关系，有人把它描述为"等边三角形"关系，这是最理想的家庭结构。但如果父母之间的关系出问题，是"负性"情感连接，孩子就会处于"分裂"状态。在这种情况下，孩子必须放弃对父母中"某一方"的正性情感——譬如放弃对父亲的爱，以便和自己的母亲保持亲密与认同，以此恢复系统的平衡。对于未成年的孩子来说，同时失去父母的爱，是难以承受的。这也是家庭爱的法则隶属关系没有建立好的原因。

父母没有亲密情感的另一种情况是家庭氛围相当冷漠，孩子看不到父母的亲密。父母之间没有热情，同时对孩子缺少关注，孩子会认为父母不高兴是自己不够好，则孩子会带着这种低自我价值感成长，成为低自尊的人。或许很可能孩子会很努力地取悦父母而在社会上取得成功，但内心仍然不快乐，不认可自我价值。在没有亲密关系的状态下，父母是心情沮丧

的或悲伤的，即使父母努力地教育孩子，不控制孩子，孩子也会出于对父母盲目的爱，在无意识中吸收父母的悲伤，不让自己快乐，因为他对自己比父母快乐会有很深的内疚。

大部分的家庭教育，其实真正应该解决的就是这个隶属感的问题。当一个孩子隶属感很强，知道我是谁、我能做什么，那么他就会有动力，就会去努力自主地学习。如果没有解决孩子的隶属感问题，甚至不断地在打破他的隶属感，那么孩子对自己是不认可的。父母与孩子之间有适度的亲密与尊重，孩子被允许只做孩子，才会有健康的家庭关系，这样的关系会滋养到每一位家庭成员。

其次，彼此给予和接受的爱达到平衡。一个家里，如果某个家庭成员总强调自己在为家付出，那么就会产生愤怒，会觉得自己被不公平对待，同时也会让整个家庭关系失衡。比如，妈妈总在抱怨为这个家牺牲，为了孩子失去了自我，那么就会让其他家庭成员感到有压力，同时也会让自己变得不那么任劳任怨，从而使家庭矛盾产生。这就需要一个平衡法则，施与受、给予与接受、付出与收获的平衡。

要让孩子认识到，自己的生命来自父母，所以要服从和接受，这是无法改变的事实。无论父母是怎样的，都要接受父母的行为。在孩子幼小的时候需要父母的呵护与付出才能长大成人，这是一份恩情，也是一份无法改变的事实。子女唯一能做的就是通过自己的努力和成长，回馈给父母养育的恩情，让他们体会到价值，让他们乐意去付出，这样才是平衡与对等的。而且也要把父母对子女的这份爱传承下去。

另外，平衡的另一个法则就是孩子是孩子，父母是父母，互相不强加给对方自己的人生。不让孩子"成人化"，也不让成人"孩子化"。家里只有父母像父母，孩子才能像孩子，所以，爱的法则也是平衡的法则。

最后，家庭关系要有爱的序位关系。关于"爱的序位"，德国心理治疗师、"家庭系统排列"创始人海灵格的意思是：谁先来就是先来，谁后到就是后到；当这个序位受到敬重，家族系统中的爱就能最佳地流动。

每个家庭都是父母先到——没有父母，就没有小孩。换句话说，父母给小孩的第一份也是最重要的礼物，就是给他活在世界上的生命。人之所以成为父母，纯粹是因为他们生了小孩，这是做父母的根本。就这个意义来说，整件事已经完整了，这个亲子关系的定义无须再有所添加，也无法有所删减。就这个意义而言，所有的父母都是平等的，也都一样好。

从儿女出生直到长大，父母都毫无停顿地持续给予；恩赐如此之多，是小孩永远也无法回报的。只有感觉感激、表达感激才能弥补。

一个家庭的序位就是"长幼有序"，就是父母和子女、长辈和晚辈，它一定要有一个长幼尊卑。它不是现在我们很多人学习的西方价值观——平等，我们都成了朋友了，拍着爸爸的肩膀叫哥们儿，拍着妈妈的肩膀叫老姐。这是一种错误的、肤浅的平等。一旦强调这样的"平等"，家里的序位就会混乱，子女对父母和长辈就会有不敬的情况出现。

如果家庭序位没有得到重视，就会有不和谐，家庭成员之间就会有紧张产生，不可避免地导致冲突。

如果小孩能对父母表达感激与敬重，形态就有了转折。如果他能说"谢谢你给我生命"或"没有你，我就不会在这里了"，并在自己的生命中拥抱他们的存在，就可以完全领受他们的贡献，不再让自己分裂。

当小孩对父亲说："你是大的，我是小的。"他是在认可这个更深层的根本序位。当我们敬重自己与父母关系中的"小"，就能够接受他们的能量，从而得到力量并以同样的方式给自己的小孩。

长幼有序符合伦理，只有尊卑有序，万物才有所归。在一个家庭中，

每个成员都有其特定的顺序和位置，就如同太阳系里各大行星有各自的运行轨道一样，不能够随意变换与调整。若女儿站到了妈妈的位置上，或是妻子站到了丈夫的位置上，都会让整个系统产生紊乱。这个系统就像一个高速运转的齿轮，一环扣一环，一环错环环错。你是谁就是谁，序位法则不能挑战，只能遵守。

在一个家庭中，能够解决好隶属、平衡和序位的关系，就能够解决很多麻烦和问题，从而产生更多的爱。而且只有这样，也才能给孩子染上正确的底色。

家庭教育需要阴阳平衡

我们现在到处都在讲平衡，大自然不平衡就会出现灾情，家庭不平衡就会出现感情不和，身体不平衡就会出现疾病，等等。那么，家庭作为社会的最小单位，自然要追求阴阳平衡。

男女组成一个家，是顺应天道的。天地之道，人事之理——天刚地柔，男人要刚健，自强不息，进取不止；女人要阴柔，厚德载物，包容慈爱。

夫妻伦常关系就是天地阴阳，夫妻代表日月，日月合为"明"，具有光明之心，就有了智慧。"明"这一个字就告诉我们怎么做人，古圣先贤真是太智慧了。夫妻阴阳颠倒，处不好关系，多痛苦啊！小孩也会阴阳失调，这时智力和健康就会出问题。

在夫妻关系中，乾道为男，坤道为女。男女之道，就在乾坤上见分晓。乾为刚，坤为柔，所以，刚柔之道就是家庭的位置。男人主刚，为火；女人主柔，为水，男刚女柔，水火既济。

社会的发展出现了很多奇怪的现象：一个家里，丈夫是男人，而妻子是女汉子。当然，社会的发展导致女人要顶得起半边天，这代表着女性地位的提高和社会的进步。但是女性不能因为地位提高了以后脾气也高、力气也高，变得不再柔情似水。这样，无疑对于和谐的家庭是有影响的。

我们看一个案例。

有一位女性，是做销售的。有了孩子以后依然没有放弃工作，遇到销售旺季，她挣的钱相当于丈夫的好几倍。于是丈夫权衡了一下，自己辞职回家带孩子，让妻子上班挣钱保障家庭经济来源。最开始妻子很满意这样的安排，可是时间一长，就感觉"亏"了。每天早出晚归上班，回到家看到男人没有收拾好屋子，孩子的衣服也没有整得干净利落，她就开始生气，从最初的发脾气扔东西，上升到拿东西扔男人，说男人钱也挣不来娃也带不好。先生也很委屈，觉得自己作为一个男人屈尊回归成一个超级家庭妇男，妻子不但不理解还用武力对待。一次两次他还可以忍受，等到第三次妻子又发飙的时候，丈夫提出了离婚。妻子也非常不能接受，她认为自己像个男人一样扛起了家庭的担子，这个男人怎么就不体谅自己呢？由于妻子太过强势，造成家庭总是充满火药味。孩子每次看到妈妈大发雷霆的时候总是吓得躲在爸爸的后面。

其实，在我看来，就是因为女人太像汉子，而把原本应该男人的勇猛刚强都磨灭了。

再看一个案例。

有一个妻子在寻找专家解决婚姻问题的时候，当着观众的面哭得稀里

哗啦。原来，她的丈夫凡事都不能给她撑腰。她举了几个例子：一次出去吃饭，因为菜里有一根头发，妻子要求服务员给个说法。而丈夫胆小怕事，选择了息事宁人，悄悄地不予声张。结果妻子没听劝，跟服务员吵了起来，还差一点动起了手。而这个时候，丈夫却始终没有表现出给妻子撑腰的样子，让妻子内心非常受伤。还有一次，自己家的车在楼下被人砸了个坑，监控调出来后他们发现是本小区一个喝了酒的人干的。妻子让丈夫去找对方理论一下或报警，结果丈夫说还是算了，反正有车险，理赔一下得了。而妻子气不过，去找那个人理论，对方倒还蛮好说话，说自己当时是醉酒状态，根本不知道这件事，看了监控录像也觉得自己理亏，提出按价赔偿。虽然事情解决了，但妻子却心里堵得厉害，她认为嫁了个男人，什么事都担不起来，比女人还胆小怕事。所以，日子过得十分糟心。最重要的是孩子有了问题也总是去找妈妈解决。由于受妈妈的影响，孩子也会有意无意地认为爸爸"没有能力""靠不住"。

这两个案例中前者女人是真正的女强人，不把男人放眼里；后者丈夫无法顶天立地，这样的状态导致的最终结果就是一个家的阴阳失衡。

在我看来，男性最大的魅力就是身上具备的阳刚之气，而女人则是"上善若水"，女人要性柔如水。这就是幸福家庭应有的关系。即使是一个很牛气的女汉子，也要尽量做个温柔如水的"汉子"。

所以，好的家庭来自阴阳平衡，婚姻中，最好的模式是男人像个男人，女人才会像个女人。爸爸像爸爸，妈妈像妈妈，孩子才能有样学样，才能学会真正的性别认同与榜样价值。夫妻双方都能把自己的角色扮演好，家才顺畅，日子才好过。

有的家庭是大男子主义，有的家庭是女权主义。大男子主义就是一切事情都是由丈夫说了算，妻子仿佛很少拥有决定权和发言权，甚至连知情权都没有。大男子主义的男人会认为他永远是对的，妻子总是必须跟在他后面，甚至只要他是对的，妻子就是错的。大男子主义的男人不做家务，不照看孩子，不愿意陪伴妻子，在外面如果受气了往往回来就把气撒在家人身上。

如果是女权主义的话，家里的男性就有可能在外面显示不出一种受人尊重的气质。女权至上的妻子不会发自内心地去尊重自己的丈夫。另外，作为妻子来说，可能很多该自己做的一些家务活、一个女人该承担的事，她也指挥或者要求她的男人来做到。这样容易导致男人没有阳刚之气。而男人之所以为男人，是因为男人天生就拥有着让他所爱的人幸福的这样一种义务，这种义务是需要足够的爱才能够实现的。没有爱是不可能有奉献的，没有奉献是没有办法让男人履行天生的义务的。所以，男人需要不断地通过修炼自我，练出宽阔的胸怀、乐于奉献的品质，从而成为一个好男人。毕竟在夫妻关系当中，男人为阳、女人为阴，阳为动、阴为静，男人是把握着夫妻关系的主动权的。

所以，要真正做到家庭的阴阳平衡，作为妈妈，应该每天在内心告诉自己：我是一个幸福的人，用生命面对每一天，我的言行举止及想法影响着身边每一个人对自己和对世界的认知。我是爱的容器，我唯一需要做的就是不断地反省自己、放大我的爱，然后让爱流动。家人背后的诉求与渴望，我会用心去感受，因为表达永远是有限的，隐藏背后的诉求才是真实的；我会用心去感受，因为越真实越有力量、越真实越自由；我为家族的幸福而来。

作为男人要爱妻子，但不要有太强的掌控欲，使得妻子失去了自己，否则，她就没有办法成为一个自由又有爱的母亲去爱人。这就是说，在家中男人既要给予自己的女人以关怀、爱和安全感，但又不能完全管控自己

的女人。关于这一点要注意，如果是孩子的话，他会继承爸爸管控和掌控、不给人自由、过于霸道的特点。

家长分层次，榜样有好坏

美国著名的"家庭治疗大师"萨提亚曾说："一个人和他的原生家庭有着千丝万缕的联系，而这种联系很可能影响他的一生。"

在网上看到一篇帖子中有人问：如果做家长是你的事业，那么这个事业，你可以走到第几层？

有一位思想家曾说："孩子最终会成为什么样的人，主要取决于他从第一个教育者那里所接受的爱的质量、陪伴和榜样示范。"孩子的第一位教育者是"父母"，而孩子的第一个学习场景就发生在"家庭"之中。

家长的层次可以大致分为如下几个层次。

第一层次：懂教育，负责任。处于这一层次的父母往往会给予孩子正确的引导，既能给予孩子合理的爱，也能知道陪伴孩子的重要性。因为他们懂教育，所以不盲目，从而能够运用正确的教育观念、原则和方法引导和教育孩子。处于这一层次的父母同时能够给予孩子很好的榜样作用，他们会认为孩子的诞生也是父母的诞生，教育是一种影响。家长想让孩子成为什么样的人，自己先要求自己变成孩子的榜样。教育家苏霍姆林斯基说："每个瞬间，你看到孩子，也就看到了自己；你教育孩子，也就是教育自己，并检验自己的人格。"那些具备智慧和能力的家长正是用自己的人格来要求和教育孩子的。家长的行为直接影响着孩子的感受，引导着孩子的思想意识、价值观念、行为习惯、道德品质、社会公德及健全人格的形成。懂教育负责任的父母所教育出来的孩子，往往从孩子身上就能看到背后父母的素质与修养。

第二层次：不懂教育，不负责任。这个层次的父母可以说占绝大多数，比如那些信奉"棍棒底下出孝子"的父母就是不太懂教育也不负责任的父母。不知道爱孩子的尺度，要么采取完全放任的"散养"，要么就是十分不近人情的"体罚"。如果处于这个层次，孩子的问题也会十分明显，在过分苛责的父母管教下长大，要么变得习得性无助，要么以这样的父母为榜样同样变得暴戾；或者在凡事三不管、不闻不问的父母教育下长大，没有了基本的价值观，不知道规则和底线，容易变成没教养的人。

我们现在所处的环境，追求物质成功，网络、手机上的各种不良信息，侵蚀着我们孩子的思想和观念，影响他们的身心健康。如果我们家长不站出来"懂教育，负责任"地教育孩子，那我们的孩子会不会被社会所影响呢？

第三层次：不懂教育，特负责任。如果说第二层次的父母不懂教育又不怎么负责任的话，也不会用自己错误的教育去干涉孩子，可能孩子会由着自己的性子成长为一个自由自觉的人。而第三层次的父母如果本来不懂教育却又特别负责任的样子，往往适得其反。这一类家长，想必特别多，他们不懂教育，不会教育，却非常负责任地为孩子的未来着想，给孩子物质上的满足、智力开发、才华培养，费尽心思"不让孩子输在起跑线上"，可最终结果却让很多孩子"输在了跑步的过程之中"，"跌倒在终点线前"。处于这个层次的父母容易跟风，受大环境影响而无法做出独立的思考和判断，觉得"大家好就一定是好"，不考量自己的孩子需要什么，也不反省别人的父母具备什么，容易走极端，过分在意孩子，而且是用错误的方式

来在意孩子。

从以上对比中，我们可以看出，第一层次中既懂教育又负责任的家长才是真正值得我们追求和效仿的家长。当家长本身就不容易，当一个好家长更不容易。但为了我们的孩子，我们别无选择，应该成为一名"懂教育，负责任"的智慧型家长。

真正决定孩子起跑线的，不是孩子上了多少早教兴趣班，也不是识了多少字，学了几国的语言，而是取决于父母的教育方式以及父母给予孩子的榜样力量。父母是孩子人生中的第一位教育者，父母养育孩子的层次将决定他们人生的高度。

家庭氛围对孩子成长的意义

什么是家庭氛围呢？简单来说就是家庭成员之间营造出的情景和感觉，它包括家长的文化素养、行为习惯、生活态度、思想境界以及性格气质等。而这些东西一旦形成一个氛围就可以代表一个家庭文化，会在潜移默化中影响孩子。就像《荀子·劝学》中有一句话："蓬生麻中，不扶而直；白沙在涅，与之俱黑。"意思是蓬草生长在麻田之中，不用扶持，也能直挺；白沙混进了黑土里，便和黑土一样黑了。荀子以环境对于植物生长的重要影响来比喻人的成长。对孩子来说，家庭是其成长的首要环境因素，因此家庭氛围对孩子的成长起着至关重要的作用，很大程度上决定着孩子的心理品质及人格发展。

家庭氛围对孩子的影响具体有哪些呢？

· 有助于孩子形成健康的思想道德和价值取向；

· 有利于培养孩子良好的行为习惯和性格特点；

· 激发孩子兴趣爱好、审美情趣和创造能力等。

如果说孩子是一粒种子，那么家庭就是土壤，家庭氛围便是空气和水。只有在土壤的滋养下，在空气和水的润泽下，才能收获丰硕的"果实"！

如果出生在一个幸福的家庭之中，从小在爸爸妈妈的呵护下成长，这样的孩子往往阳光乐观，积极向上。如果出生在一个父母不和、日日吵架的家庭之中，那么孩子是不会幸福的，他的性格上就会产生缺陷，做事也会偏激。

知乎上曾经有过关于"家庭氛围对于孩子的影响"这一话题的讨论，那些跟帖留言的人大部分代表的都是真实的声音。

有人说："我看到父母并不相爱，他们并不是亲人，很多时候更像仇人。无论是母亲赌气一个月不跟任何人说话，还是父亲把家里的一切都当成发泄的对象，他们各自举着无形的刀剑挥向彼此，刺伤的却是所有家庭成员。在他们的战争里，我是那个默默舔伤口的人。他们看不到我的伤，我也看不到他们的爱。我对父母恩爱的孩子羡慕不已，即使他们的父母没给他们什么，一个健全的人格也已经胜过一切。"

有人说："亲睹父母吵了20多年，无力改变，无力解决，然后，就得了一听到他们吵架就呼吸急促的心理疾病，再然后开始自残。开始认真考虑能够当场死亡的自杀方式。希望他们离婚解脱彼此，又害怕成为单亲孩子。多次忍不住想，既然他们没有准备好做父母，为什么要生下我。"

有人说："是父母彼此相爱的力量给了我很多面对困难的勇气。家庭并不富裕，但我依然看到了父母彼此支持。他们没什么文化，却对彼此有

着最深切的关怀。无论我什么时候回家，总能感受到家是那么温暖，可爱的爸妈总在等我。"

这些文字的背后有被伤透的心，也有被抚慰的心。那些在糟糕家庭氛围中长大的人，他们内心承受着怎样的煎熬，又将怎样小心翼翼地面对这个世界？那些在温暖家庭氛围中长大的人，他们又有多少次在无助的时候找到坚实的后盾？

父母就是子女的榜样，而这个榜样到底是示范作用抑或反面教育作用——谁知道呢？父母的幸福，当然是子女的荣幸。在和谐的气氛中长大的孩子会更加健康而快乐。

如果父母是不幸福的，子女就会在压抑的气氛中度日如年。他们这么小，没有办法改变什么，唯有忍，唯有祈求这一切早日成为过去。更多的孩子都会想着及早离开这个家，早恋的、早婚的都有，离异家庭出身的孩子会更加迷惘。他们看到的的确是阴暗面。

所以，给孩子营造一个良好的家庭氛围是为人父母的义务和责任，它功在当下（孩子能健康成长），利在以后（孩子能成为一个拥有爱的能力的人）。

前几年轰动全国的"大兴灭门案"，那个亲手杀死自己父母、孩子和妻子的男人，他的成长环境带给他的很多情况下是恨，而不是爱，导致他内心极度扭曲和变形，对自己最亲的人下了最毒的手。记者发现，父母从小给他营造的家庭氛围就是打击、压抑、不人道的惩罚，父母在这个孩子的心中亲手种了一颗恶毒的种子，等到某一天这颗种子生根发芽以后，变成了最可怕的结局。

另一个案例则正好相反。有一个女孩，从小目睹爸爸妈妈在她面前的各种"秀恩爱"，内心里十分愉悦。她知道自己生活在一个和谐温暖的家里。妈妈温和，爸爸慈爱。平时很少见父母吵架，更不要说动手了。父母对她的养育也是既有爱又有规矩，所以，在这样的家庭中长大的她，变得温婉可人。在择偶的时候，她心目中的白马王子就是爸爸那个样子：幽默、风趣，有责任心，最主要的是爱妈妈。她结婚后，也遗传了母亲性格，温柔开朗，遇事不钻牛角尖，跟丈夫幸福地生活在一起。

家庭氛围是造就孩子未来人生的土壤和基础。有的家庭给孩子留下了很多金钱和物质，但孩子依然没有获得幸福；有的家庭给孩子留下了很多学识，但孩子依然会遭遇婚姻的变故。

不能否认，世上多数的父母都爱自己的孩子，爱虽然浸润在生活中，但成功的家庭教育的最终检验是什么？是子女考入最高学府，是他们毕业后找到一份高收入的工作，还是他们的功成名就？似乎这几种都不是。真正检验父母教育成功的是子女的婚姻质量，对幸福生活的感知能力，是他们有能力爱别人也有能力爱自己的身心满足。

美国作家爱默生说，家庭是父亲的王国、母亲的世界、儿童的乐园。只有幸福和谐的家庭，才能养出温暖健康的孩子。

所以，父母爱孩子就要为之计深远，不仅仅是提供一日三餐，让孩子学会知识，更重要的是为孩子营造一个有爱、有动力、有奔头的家庭氛围。少些纷争多些爱，少些指责多些理解，少些抱怨多些宽容，孩子在这样的家庭氛围中长大，他才能获得爱的能力，获得一生幸福的能力。

父亲影响孩子的精神世界

　　一个家中,父亲代表力量,代表一家之主,英文 husband 的意思是家庭的纽带。husband,就是丈夫、父亲,通过自己强烈而无私的爱,将自己的家人(妻子和子女)联合在一起的家庭纽带。父亲必须成为子女的物质、精神、性灵的源泉。父亲引领家庭成长,他有责任供养家人,视子女为宝贵的礼物,使他们成长,让全家人团结在一起。作为父亲,要对父亲的感化力和在家庭中所扮演的角色有正确的理解,要努力成为儿女的榜样。父亲对子女不仅要有宽广的胸怀,同时也要对他们予以肯定及鼓励。父亲有责任教导子女走在正确的道路上,给予他们正向的精神支柱。

　　在说到影响孩子成长的话题时,之前大部分人认为母亲是最主要的,在母爱的光辉下,父亲对孩子的影响力似乎被淹没了。而现在,人们知道了爸爸的重要性,知道爸爸对孩子影响更加深远,尤其在丰富而复杂的感情世界中,父爱是一个非常重要的因素。著名心理学家格尔迪说:"父亲的出现是一种独特的存在,对培养孩子有一种特别的力量。"父亲的影响力构成了孩子性格的良好发展,父亲的影响可以减少孩子好斗与暴力倾向,可以培养孩子的情绪控制力、判断力及增强孩子的自信心!所以,父亲的影响力不容小觑。

　　精神分析心理学的创始人弗洛伊德把人分为:自我、本我、超我。超我是什么呢?是人格中道德和信仰的那部分,是人格结构和社会准则以及理想自我的总和，也是心灵的美德和健康心灵的司法部门。弗洛伊德还说过："超我，是父亲形象和文化的符号内化。"

有人做过一项调查，问孩子："你最尊敬的人是谁？"日本中学生的答案：第一是父亲，第二是母亲。美国中学生的答案：第一是父亲，第二是球星，第三是母亲。中国中学生的答案五花八门，但排在前十的肯定不是父母！在日本和美国孩子的心目中，父亲具有不可取代的崇高地位，但在中国孩子心里，父亲占据的位置微乎其微。

古人用"天下无如父子亲"来描述父子关系的亲密程度，并对父亲的责任定义在一个"教"字上，认为："父者何谓也？父者，矩也，以法度教子。"如果一个家庭不教子，会被指责"养不教，父之过"。这些话都强调了父亲在教育子女方面担当的责任，而"有其父必有其子"则强调了父亲的言行对孩子的影响之大。正是基于对父亲在一个家里的重要性的认识，我们对于当下父亲的缺位才会心存忧虑。

有教育研究机构经过大量的调查发现，孩子很小的时候受母亲教育的比例高于父亲，可是到读小学的时候，愿意听母亲教育的比例逐渐下降，尤其是到读小学三年级以后，母亲的教育影响力会逐渐下降。到孩子上了中学，愿意听父亲教育的比例超过了母亲。如果这些调查成立的话，母亲的教育影响力是一个抛物线，而父亲的教育影响力是一个缓缓上升的斜线。这个现象告诉我们，父亲从某种意义上说，对孩子的影响力更大，孩子潜意识中更容易接受父亲对自己的影响。

我们看一个案例。

李先生是一家公司高管，儿子今年8岁，读小学二年级。儿子3岁前，多半时间是在老家和爷爷奶奶一起度过。用李先生的话说，感觉孩子回来后一口老家话，跟爷爷奶奶特别亲。

儿子回到市里上了幼儿园，夫妻俩除了忙工作，还要还房贷，只有在幼儿园安排亲子活动时，才能陪孩子，享受一下亲子交流的乐趣。儿子上小学后，对父爱的要求更强烈了。儿子喜欢踢足球，可自己没时间陪他。后来李先生发现，邻居王先生成了孩子心目中的"好叔叔"，因为喜欢踢球的王先生可以按时上下班，经常和李先生的儿子约在公园里一起踢球。偶尔李先生问起孩子最崇拜的人是谁，孩子会不假思索地说"王叔叔"。李先生不服气，还跟儿子说王叔叔就是一个普通职员，每天不用加班，挣得也不多。但儿子却说，在他眼里王叔叔是最帅的男人，球踢得超棒，对人亲切友好；即使他踢不好，王叔叔也总是鼓励他；他长大以后也要成为像王叔叔一样的人。后来发展到，孩子变得基本把自己的亲爹当空气，他的说教孩子基本听不进去，还经常顶嘴。有时李先生表面不说，心里却很不服气。李先生举了一个很深刻的例子，有一次孩子在班里跟一个同学打架被老师罚了，竟然回家没跟他说。倒是邻居王先生听到孩子跟自己倾诉后，觉得这件事不是小事，就告诉了李先生。后来，李先生想要努力改进以便让儿子认可自己，却明显觉得力不从心。他感觉孩子大了，已经不太容易管了。

父亲在家庭教育中缺位，首先会影响父子关系，降低父亲在孩子心目中的地位和威信。比如案例中的爸爸，就是一个教育没方法又不想陪伴孩子的父亲。孩子的爱好他不知道，到后来便渐渐失去父亲的威严，孩子有了心里话也不再找他倾诉。而且父亲树立威信不是一朝一夕能建立起来的，尤其是在孩子小的时候，父亲如果没有在孩子心里留下地位，孩子长大后，父亲就会很难再找回进入孩子内心的通道。不是说完全没有可能改变，而是改变起来有难度。

另外，父亲是孩子游戏的重要伙伴。父亲与孩子一起游戏时，常常不拘小节，比如有很多大动作的肢体游戏，这不仅愉悦了孩子，还能培养、锻炼其胆量。同时，父亲粗放式的教育模式，能提高孩子的社交能力。

所以，爸爸们不要以为自己能挣钱就是一家之主，在外打拼就很了不起，很牛气。如果你没能参与家庭的教育活动，没有真正起到夫妻共同教育孩子的作用，那么，你无论在家地位如何，你都将在孩子的心里失去地位。

母亲影响孩子的待人接物

老话常说："女人嫁错男人，毁一辈子；男人娶错媳妇，毁三代。"可以说，女人是一个家族中的传承者、培养者和教育者，她决定着家族中上一代人的幸福、这一代人的快乐、下一代人的未来。

自古以来，母亲是家庭和谐关系的主导力量，在弘扬传统美德、传续优良家风、倡导健康生活、建设幸福家庭等方面具有不可替代的作用。在生物学意义上，母亲十月怀胎然后又亲自抚育孩子，是孩子最亲的人，母亲的教育也许谈不上符合什么先进的教育理论，母亲教育孩子的时候也许讲不出什么大道理，但母亲对孩子的教育是心贴心的对话。以母亲为主体的家庭教育，很容易在孩子的心里引起共鸣并会影响孩子一生。

一个家里，妈妈是家庭的中心，妈在，家在；妈不在，家也不在。一个家庭，很难有谁有妈妈那样的向心力——妈妈对家付出最多，花的心思最多，守家的时间最长，自然最具凝聚力。孩子恋家，恋妈妈，妈妈培育了孩子，孩子的家庭角色就是由妈妈一手培育打造的。所以，妈妈的责任

重大，言传身教也非常关键。

我国台湾心理学博士洪兰女士说，从人类演化角度看，母亲是家庭的灵魂，母亲快乐全家快乐，母亲焦虑全家焦虑。母亲乐观全家乐观，母亲悲观全家悲观。

母亲的影响是其他家庭成员无法替代的，母子特殊的关系始于婴儿孕育的那一刻，此时，母亲对生活的态度就开始对孩子产生了潜移默化的影响，当孩子出生后，母亲很自然地成为孩子生活的第一个指导者。随着孩子长大，母亲进一步成为他们走向社会的最初引导者。大多数家庭里孩子与母亲朝夕相处，母亲对孩子进行言传身教的时间最长，所以母亲是孩子一生当中最重要的老师，会影响孩子的待人接物和为人处世。

孩子来到这个世界上之后首先对妈妈产生依赖，为什么？因为孩子的口粮在妈妈那里。所以妈妈对孩子的影响是排在第一位的，这一点在孩子三岁以前最明显。

而妈妈的陪伴又有什么功能呢？有多少妈妈思考过这个问题呢？洗衣，做饭，打扫房间，看护安全，这些都不是，因为这些保姆也能做。在我看来，妈妈能够教给孩子合作，让孩子学会信任。

首先，我们看合作。因为妈妈是孩子的第一个合作者，出生后的第一次吃奶、换尿布、穿衣服都是和妈妈一起合作完成的。在一些事情上如果妈妈和孩子合作得很愉快，孩子就会把这种简单的合作延伸到成人后的团队合作中；如果妈妈和孩子干一些事情时总是吵架，孩子不仅学不会合作，还会对着干，这会让孩子养成对着干的惯性，将来不合群。

其次，孩子对妈妈天生的信任，是妈妈教孩子学会信任的基础。孩子哭了，妈妈就知道他是饿了、尿了或困了，会第一时间来处理孩子的需求，这就是信任。等到孩子再大一些，孩子的一些情绪妈妈会第一时间掌握和觉察，孩子也会把妈妈当成自己最信赖的人，告诉自己发生了什么，这是更深一层次的信任。

孩子恋家、恋妈妈，妈妈培育了孩子，孩子的家庭角色就是由妈妈一手打造的。所以，妈妈的责任重大，妈妈的言传身教也非常关键。一旦妈妈在教育中缺位，给孩子造成的除了不合群之外，还有较大的不安全感，在孩子幼小的心里会觉得，自己最亲的人可以为了工作不在自己身边，他会产生一种不确定、不信任的感觉。

所以，不夸张地说，这个时代不缺位的妈妈才是最急需的人才。

"孟母三迁""断机教子""陶母教子""岳母刺字"……在这些历史故事的背后，往往站着一位平凡到没有在历史上留下姓名的母亲。她们眉眼温柔，语气平和，但又颇有主见，意志坚定；她们吃苦耐劳，勤勉持家，但又明辨是非，深明大义。可以说，正是她们的言行举止，塑造了灿若星河的华夏历史；正是她们的柔弱臂膀，托起了中华民族不屈的脊梁。

最好的教育智慧，就在日复一日的生活里，就在妈妈和孩子相处的点滴时光里。

著名教育学家苏霍姆林斯基在《家长教育学》中曾说："孩子道德发展的源泉在于母亲的智慧、情感和内心的激情，人在自己的道德发展中变得如何，决定于有什么样的母亲。"

作为一个母亲，你希望孩子成为什么样的人，很简单，你就去做一个什么样的人。所以妈妈们应该很努力地把自己变得更好。都说："三流的妈妈做保姆，二流的妈妈做教练，一流的妈妈做榜样。"妈妈的一言一行里，其实都藏着孩子未来的样子。

孩子会复制父母的婚姻模式

如果问有孩子的父母，想要给自己的孩子留下什么，或者说要教给孩子什么，我估计回答"留给孩子财富"的要占多数。那么，有没有考虑，真正给孩子的财富是什么呢？在我看来，给孩子最大的财富就是"爱的能力"，这个能力既有爱别人的能力，也有爱自己的能力。如果孩子不具备爱别人的能力，那么在未来的生活中就会显得特别自私；如果孩子没有爱自己的能力，那么一生又会活得很卑微或者很痛苦。父母不用刻意去教孩子如何爱，爱是让孩子看到父母两个人的相处模式，从而在人生的早期留下美好的印记，那么未来才能建立起爱的能力。

泰国有一则广告讲道，女儿婚后，父亲到她家里做客。发现女儿从一回家就忙得焦头烂额，煮菜做饭，收拾打扫，女儿一边操心着家里的孩子，一边打开电脑查看工作的进度。而女婿却安闲自在地躺在沙发上看电视，喝咖啡，不时还吩咐女儿做一些事。看到女儿在家里来回穿梭、任劳任怨的身影，父亲心里泛起一阵心酸。他发现女儿就像妻子当年的复制版，而当年的自己就是现在那个袖手旁观的女婿，他为自己对妻子多年的付出熟视无睹感到愧疚，更为自己没有为女儿树立一个好榜样而自责。离开前，他留下一封信，告诉女儿，这个家是两个人的家，需要孩子的父亲一起付出，这才是完整的家。

这个广告中正是父亲和母亲的相处模式教会了女儿像母亲那样包揽了

全部生活，遇到了像父亲一样对家毫不关心的丈夫。最重要的是，一旦孩子习得了父母那种相处模式以后，他并不觉得有什么不对，因为从小看到大，即使是错误的也已经习以为常。像广告中母亲的付出被当作理所应当，女儿也会学着习惯忍让付出，并且认为这种失衡的夫妻关系是正常的。

　　心理学上可以解释这种现象："即使成年离家，与父母的互动模式已经内化成为你身体记忆部分，也时刻影响你的行为举止，有如一种永久复制行为。打从出生开始，我们整个成长历程都在进行这种复制，特别是母亲的生命经历，因为她经常是孩子的主要照护者。"

　　之前我们说过，成功家庭教育的最终检验是子女的婚姻质量；是他们有生之年能否找到自己的灵魂伴侣，在精神层面共同成长；是他们的亲密关系能否带给他们身心的满足。

　　显然，我把婚姻放到了很高的位置。但是我想，我不是持这种观点唯一的人。据说当比尔·盖茨被问到他一生最大的成就是什么，他的答案不是微软，不是改变世界，而是他的妻子梅琳达。

　　有的父母问，我们负责他们学习好，找到一份自食其力的工作，还不行啊，还要负责他们婚姻的质量？现在的婚姻又不像旧社会那样包办，都是自由恋爱，怎么负责？其实，这个责任不用家长有意识地来负，它是一个家庭教育质量自然而然的反映。孩子成年后吸引异性的能力，吸引什么样的异性，择偶的品位，还有对幸福的理解和追求的历程，自然而然就反映了家庭教育的水平，也反映了父母婚姻的质量和价值。

　　父母对于子女的这种影响一般来自两个方面。

　　首先，父母的关系影响了孩子的人格，进而影响孩子的婚姻。当一个孩子从小在父母那里体验到的是安全感和关爱，是温暖和彼此理解，那

么长大以后内心就会充满安全感，也能够学会如何关爱别人。当他们进入婚姻关系的时候，往往也能将婚姻生活经营好。而如果一个孩子年幼时父母关系不好，他们在家庭中得不到正常的关怀，那么他长大后就容易对人缺乏信赖，不能很好地适应生活，在婚姻关系中也会胆怯多疑，滋生矛盾。

其次，父母的言传身教让孩子学会了看待和理解事物的方法，以及情绪体验与表达、跟他人如何互动以及建立关系。这种模式可能是平和的，也可能是暴躁的，可能是勇敢面对问题，也可能是逃避问题；是正确地沟通，还是隐忍爆发，甚至包括夫妻之间如何相互适应、相互期待、相互沟通跟安慰，往往都是从父母那里习得的。正是鉴于这种种"遗传"，让我们和父母的婚姻完成了"代代复制"。

还有极少的人由于目睹父母婚姻模式过得十分不好，当他在自己的婚姻中想要幸福的时候又觉得对父母有内疚感。父母是家庭系统中的爱的传递者，孩子往往都非常忠实于自己的父母，这种忠实无法被割裂。如果父母不幸福而自己非常幸福的话，似乎是对父母的一种背叛，于是大部分人容忍让自己比父母过得更不幸，以便平衡或避免这种内疚感，所以，很多人明明可以幸福，却因为这种内疚感在作祟而不敢幸福。

很多小孩子长大的人生和自己父母的人生一样。父母离婚，孩子长大也离婚；父母事业不好，孩子事业也不好。家庭的人生剧本，会影响到孩子的人生剧本。这也是我们上面所说的家庭场动力的传承。所以，作为父母要整合过去的记忆，也要觉醒内在，从根本上改变家庭模式，去影响孩子。

当一个人怀着家庭创伤长大之后，生命有个不可思议的奥秘就是，明明不想重复父母错误的模式，但是我们会不由自主地把父母加诸我们身上的这些不当的教育，投射到我们的亲密关系中以及我们的下一代身上。于是，又造成了代代相传的一种伤害。

当我们注意到这些现象的时候，我们就没有办法在一个亲密关系里面获得深层的满足。因为无论是亲密关系，还是亲子关系，或者任何一个重要的关系，我们都希望能够跟对方有畅然无阻的能量交流。如果达不到这个目的，我们就会怅然若失，我们心灵的空洞就没有办法被填满，我们就觉得还需要再去寻找更爱我们的人，对我们更坦诚的人，更温暖、更能支持我们的人。于是我们就会产生遐想，对现有的关系不满意，然后我们就会去发展出外遇或者是其他的关系。那么最根本的原因就在于，我们其实跟我们的身体之间已经产生了严重的问题，没有建立起一个好的关系。

所以，当我们意识到了父母的很多行为是不对的，会给孩子的身心带来不良的印记，就要从自身做检视，有则改之。如果我们曾经受过"有毒"父母的影响，不要期望他们都道歉或改变，而是要从自我做起，从改变自己开始，认识到之前父母的行为模式是错的，我们不用压抑自己去迎合他们，我们要学习什么是正确的模式、什么是正确的价值观，从内心让自己强大起来，最后变成一个自信又健康的大人，去为自己的下一代营造一个良好的家庭环境。父母要成为孩子的情感教练，自己就要不断主动学习、成长、进化，打破原生家庭创伤的教养模式，改变以往伤害型的家庭关系，建立滋养型的家庭关系。

父母幸福孩子就会传承幸福

从教育的观点来看，子女的幸福与父母的幸福应当是统一的。父母的幸福是子女童年幸福的基础，也是未来幸福的参照。只有父母幸福、家庭幸福，子女才会有真正幸福的童年。教育家马卡连柯指出，如果父母生活得美满幸福，那他们的生活本身就必将成为对孩子进行和谐教育的条件。他还指出："如果你想有好的儿女，那你们就要生活得幸福。"归根结底，父母幸福孩子就会传承幸福。

人生的精彩起步于家庭，父母是人生的第一任教师。推动摇篮的手就是推动世界的手，而要培养一个成功、幸福的孩子，父母亲需要的不仅仅是爱，更要有智慧。

家人之间总有一种微妙的默契，虽然会有磕磕绊绊，但每天的形影不离早已把感情深深种到骨髓里，这种感情就叫爱……在有爱的家庭里处处都是爱：爱妻子，爱丈夫，爱父母，爱孩子，爱兄弟姐妹，爱家里的宠物，甚至爱家里的盆栽，爱这个世界。

幸福家庭大抵相同，都有一个美满的婚姻，有一个优秀的孩子，一对好夫妻。夫妻和顺，对上是孝敬，对下就是教育。我们每一个人从父母原生态的家庭中脱离出来组建自己的小家，既独立又牵系。作为上有父母、下面有孩子的"中间人"，中间这环做得好不好，关系重大。所以，作为父母，有义务有责任去当好幸福家庭的建筑师，用心经营幸福生活。只有经营好一个家，才能培养出一个优秀卓越的孩子。

幸福家庭都是什么样子呢？家庭社会学家提出了两种社会标准，即"自我感觉美满"的标准和"外人感觉美满"的标准。无论哪一种，它都能使人产生以下感觉。

归属感。欢乐，有人共享；痛苦，有人分担。家是人们心灵的港湾。

支持感。当你在人生的大海里沉浮，家庭的所有成员为你搭建起了永不沉没的航母。

舒畅感。回到家，你会卸下那一道道面具，或躺或立，或哭或笑，还自己一个真诚的自我。

孩子是否能成为一个优秀卓越的人，取决于父母给他们营造的家庭环境。一个家庭是否幸福和谐，靠的是两个人共同去承担、维护、理解、认识。光靠单一的维护，双方是得不到幸福的，要共同理解、共同承担、共同维护、共同认识，必须两个人有默契感，互相尊重，互相体贴，互相爱慕，才可以达到夫唱妇随那种感觉，才能达到幸福。

在孩子眼里，家庭就好像一个小社会。父母的相处之道，让孩子在潜移默化中学习如何待人接物。孩子本能地效仿父母，形成与他人相处的方式。在父母恩爱，相互尊重的家庭里长大的孩子大多彬彬有礼，富有爱心。在和睦家庭中成长起来的孩子，大多有稳定的安全感、归属感，性格多乐观、自信、诚实，遇到困难多会采用积极的方式应对。

相反，如果父母关系紧张，家庭矛盾多，一方或双方有不良的生活习惯，又或者品行不端，也会对孩子形成反面教育。家庭中若充斥着吵闹、冷战，充满负性情绪，孩子就会压抑、恐惧、自卑，或产生对立、仇恨，甚至发展出暴力倾向。长此以往，一些孩子还会在家庭以外的地方寻求慰藉，如早恋、上网成瘾都是向外寻求慰藉的表现。

所以，家庭里情感文化经营好了，才能谈到后面如何培养孩子的问题，给孩子奠定强大的接受爱和给予爱的能力。给孩子当好父母，不一定是有钱的父母。有钱当然更好了，但我们都是普通父母，没有特别有钱，那么在生活中力求给孩子一个平静祥和的家，给孩子在处理情感问题方面做出榜样。先做幸福的父母然后培养出幸福的孩子。

第七章
幸福婚姻的自我疗愈与成长

了解幸福和个人心智的关系

有句话是这样说的:凡夫转境不转心,圣人转心不转境。这是什么意思呢?平凡的人改变自己的环境却不改变自己的心境,而圣人改变自己的心境却不转换环境,因为改变自己要比改变环境容易。

所以说,一个人的心境能够决定他的处境。如果,你在生活中感到不适应,不要抱怨或试图改变世界,而是我们首先要有改变自己的心态,去把恶劣的环境变成对自己有利的环境。我们必须从内心开始调整,不去分辨,不去取舍,不去执着,不去在意,认清所有事态的本质变化,将给自己带来新生。

当情绪起伏时,我们首先要了解的是,心是如何运作的。在不同的状况里,你内心的感觉是不同的。

为某事烦躁时观察内心:此刻,是这件事在烦我,还是我的心太烦躁?

对某人不满时观察内心:此刻,是那个人不好,还是我的心情不好?

感觉忙乱时观察内心:此刻,是我的心在忙乱,还是这世界忙乱?

比了解世界更重要的是了解人心,比改变世界更重要的是改变自己的心。因为环境往往不是我们可以随意改变的。但是我们的心态是可以自己掌控的。是否幸福其实和自己的心态更有密切的关系。只有改变心态,控制心态而不被环境带转,才会得到安宁与幸福。

研究认为，一个人一生的幸福与他的心智直接相关。人与人之间存在着心智的差异，即每个人心智的力量强弱不一；且这方面的差异可能导致人与人之间存在着天壤之别。

而且不同的心智还会形成不同的心智模式。所谓心智模式是指深植我们心中关于我们自己、别人、组织及周围世界每个层面的假设、形象和故事。它深受习惯思维、定式思维、已有知识的局限。

心智模式是根深蒂固于心中，影响我们如何了解这个世界，如何采取行动的许多假设、成见、图像、印象，是对于周围世界如何运作的既有认知。我们通常不易察觉自己的心智模式，以及它对行为的影响。

一个人想要变得美好，真正的根源还是我们的心。

为什么现在经济越发达的国家，幸福指数反而不是很高？调查显示，在不丹这个小国家里，国民幸福指数却一直排在最前面；在美国的夏威夷群岛居住的人们幸福指数很高，为什么这些地方的人幸福指数高呢？因为不丹政府永远以老百姓身体健康、生活快乐作为政府执政努力的方向，而不是单纯以金钱多寡为衡量指标。而夏威夷的人们则是与大自然和谐相处，一年四季都生活在大自然的环抱中怡然自得，所以幸福指数最高。

无论是不丹的政府重视国民的健康，还是夏威夷人们与大自然的和谐相处，最终他们都体现出了物质生活、精神生活和灵性生活的完美统一，使身体心灵得到了全然的放松与愉悦。

可能有人要问了，当人处于健康快乐的状态下时会感觉到幸福，那忽然疾病缠身或遭受了严重的打击该如何调整自己的"心"呢？

我们看到的世界，是我们选择看到的样子。

你相信什么，就能看到什么；

你相信不公平，就能发现很多不公平；

你相信潜规则，就能发现很多潜规则。

反之，你相信努力有回报，就会发现努力真的有回报；

你相信这个世界很美好，就能发现生活处处有惊喜。

所以，要改变的是自己。只有自己变了，我们看待周围事物的感觉才会变。我们的心里有什么，就会看见什么。

有一个故事是这样讲的。

一个货车司机正在爬坡，迎面来了一辆车，车上的司机对他大喊了一声："猪！"货车司机火了，大骂："你他妈才是猪呢！"等开到下坡路，他才发现前面有一群猪，他来不及躲避，直接掉沟里去了。别人只是提醒货车司机前面有猪，可是货车司机认为是别人在骂他。因此，我们是根据自己过去的经验和记忆，来处理我们看到的部分世界，然后在大脑里构建一个新的世界。

我们即使生活在同一个世界，对世界的认识也是完全不同的。比如，看同一本书不同的人会有不同的感悟，同一个班的学生收获完全不同，同样的机会有人抓住有人错过……这些都是由我们的心智模式决定的。你的心智模式是怎样的，你看到的世界就是什么样的。如果你认为自己是幸运的，你看到的也是充满机会的幸运世界。如果你认为自己是倒霉的，你看到的自然是充满失望的倒霉世界。世界是同一个世界，不同的是每个人的内心世界。

我们需要让心有一个自我觉醒的过程，比如从最初的混沌状态到有所察觉，然后开始觉醒，最后达到超越。

觉醒自己的"心"，从本质上说是把镜子转向了自己，试着看清楚自己的思考与行为方式如何形成，并尝试以"新视角"获得新的信息，以新的方式对其进行解读、思考和决策，这就是心的觉醒。

自己对了,周围的关系就对了

我们活在世上难免会碰壁,其实就是没有厘清自己和世界的关系,也许世界本没有壁障,是我们用壁障把自己封起来了。自己的错误,自己承担;他人的错误,如果困扰到自己,本质上也是自己的错误。为什么这么说呢?

因为你习惯了与别人的错误连接而不自知。当你越清晰地看到别人的错误时,就越容易滋生内心的正确感;当你越滋生内心的正确感时,就越容易对他人的错误变得难以接受。

所以,先从自己身上找原因,消除潜意识里总觉得别人不对的这种念头。这既是摆脱自己与错误纠缠的方法,也是摆脱被他人错误困扰的方法。

这种从自身找原因的方法就是成长。如果只去指责别人,就只能看到别人的错误,就不会看到自己的缺点。若能反身自省,才能看到自己有许多不足之处,哪还有时间去指责别人?无论是工作还是学习生活都是一样,一个真正开始成长的人,往往习惯于自我分析和自我反省。这就是一种非常智慧的选择。

英国伦敦威斯特敏特大教堂地下室的墓碑中,有一块闻名遐迩的墓碑,其墓志铭震撼世界,影响着很多人,各国游客慕名而来。这块墓碑没有墓主姓名和生平,一块普通的花岗岩墓碑上刻着一段文字:

当我年轻的时候，我的想象力从没有受到过限制，我梦想改变这个世界。

当我成熟以后，我发现我不能改变这个世界，我将目光缩短了些，决定只改变我的国家。

当我进入暮年后，我发现我不能改变我的国家，我的最后愿望仅仅是改变一下我的家庭。但是，这也不可能。

当我躺在床上，行将就木时，我突然意识到，如果一开始，我仅仅去改变自己，然后作为一个榜样，我可能改变我的家庭，在家人的帮助下和鼓励下，我可能为国家做些事情。然后谁知道呢？我甚至可能改变这个世界。

据说，后来改变南非前总统曼德拉就是因为看到了这篇墓志铭后顿悟，并积极去寻找方法，从改变自己到改变家人朋友着手，历经几十年，终于改变了国家，也改变了南非的历史。

我们经常听到有人抱怨：

为什么遇不到对的人，难以维持长久的爱情或婚姻？

为什么父母家人总是不理解我？

为什么面对孩子，无法克制自己的怒火？

为什么我们学了很多沟通技巧，还是会陷入一段痛苦的关系里？

其实，无论与家人还是与外人相处，我们都是在解决关系，并且在关系中学着成长和蜕变。

每个人都活在关系的密网之中，与自己、与他人、与世界，关系就是一切，没有关系就没有自我。关系可以让我们蓬勃丰盛，也可以让我们虚弱无力。

每个人都有过往、现在及未来。无论处于人生的哪一阶段，永远都在自己打造的生活圈里运行，永远在各种关系中感受着爱或被爱、纠结或满足、幸福或苦痛……

没有人可以脱离各种关系独立存在，内在成长的路无非就是两条，一条是内修与静心，另一条就是通过各种关系成为真正的自己。无论是静心与内修，还是努力在各种关系中成长，最终指向的都是个人内在的觉醒。要不然，你总是在各种关系中受苦，看不懂父母，看不惯孩子，不明白人生法则又处理不了麻烦与矛盾。

之所以有很多人在各种关系中受苦，多数是因为在没有认识到自己是谁的前提下想要改变和控制别人。面对父母不理解的时候，想要去改变父母；面对爱人不体贴的时候，想要改变爱人；面对孩子不配合的时候，想要改变孩子；从来没有想过，自己在这个关系中扮演的是什么，你是如何做的，或者你有没有学会与自己相处，只有内省、内观，才是让关系顺畅的最终出路。

处理不好与父母的关系，是因为我们对父母期待太多，我们在按照自己的想法执拗地想要去要求父母，要求他们以自己想要的方式来爱自己。

处理不好与爱人的关系，是因为我们在另一半的身上投射了很多的希望和幻想。那些我们自己无法达成的，或是感觉自己没有满足的，就转而投射到爱人的身上，希望通过他来满足自己。我爱你，是因为我想要你爱我，所以要先从自身出发，我先去好好爱你。

处理不好与孩子的关系，是因为我们还没有成长到足够成为一个真正的父母，我们带着希冀与目标去强加在孩子身上，希望他去实现自己的宏伟大业。一旦孩子没有按照既定的想法去做，就会失望甚至失控。虽然对孩子有爱，但更多的是控制。

如此种种，我们在各种关系中受苦大部分是因为自己不对，没有把自己放在正确的位置，找不准自己扮演的角色。

所有的困扰终究离不开两个关系：与自己的关系，与他人的关系。想要处理好与他人的关系，先要处理好与自己的关系；想要帮助人们处理好与他人的关系，先要帮助人们处理好与自己的关系。我们没有办法给别人自己没有的东西。

关系之中出现冲突矛盾，不是因为哪一方不够好，而是我们都在强调自己重要的"价值、信念、期待、渴望"等。冲突越大，我们所想要表达的东西对我们可能是越重要的，而这些重要的"价值、信念、期待、渴望"又联结着我们重要的人、重要的关系、重要的生命事件。当我们能够这样理解自己时，往往也能带来对他人更多的理解。

让我们记住一段话：

一切问题源自我

一切问题源自我的心

我的心决定了我的思想

我的思想决定了我的语言

我的语言决定了我的行为

我的行为决定了我的习惯

我的习惯决定了我的命运

我要改变我的命运

首先要改变我的习惯

我要改变我的习惯

首先要改变我的行为

我要改变我的行为

首先要改变我的语言

我要改变我的语言

首先要改变我的思想

我要改变我的思想

首先要改变我的心

我的心对了

我的世界就对了

我自己先对了

我周围的关系就对了

先把自己看小，内心才会变大

在生活中，每个人都会遇到各种各样的问题和困难，但是，有些人能够坦然面对，而有些人却是把问题和困难放大，然后钻进牛角尖里出不来。之所以有不同，关键在于内心的感受不同。前者能够做到心平气和，所以问题似乎也不成为问题；后者无法做到心平气和，就会使得问题变得更加复杂和棘手。

心平气和是什么样的状态呢？是心灵能量的平稳输出和输入，中间没有起伏，更不会有跳闸和短路的现象。表现在外的状态就是言语不起冲突，情绪不起波澜，释放出来的气场是明亮而祥和的，让人感受到亲和力与吸引力。就像我们去拜佛，看到了慈眉善目的佛像所产生的一种安定与

放松的感觉。

人们总是陷入烦躁和焦虑中，源于每个人都太在乎自己，觉得自己十分重要。如果不被生活善待，遇到别人不太友好，就会产生一种受伤的感受。其实这是因为把自己看得太高了，才会在意外在的一切，从而触动自己的敏感神经。只有把自己看小，内心才能变大，才会成为那种如如不动的状态，不管别人说什么做什么都不会影响自己。有句话说得好，地低成海，人低成王，把自己放低才能汇聚能量，才能拥有海纳百川的心胸。人至低则无敌，先把自己看小，格局心胸才能放大，你的世界才能变大。

我们作为普通的人，稍微有一点成就或地位，内在的自我就会不断膨胀，认为自己是第一，自己高高在上，从而受不得委屈，看不得自己的不好。

有一位著名的表演艺术家讲过一个故事，他觉得自己已经很有威望，并且也很出名，平时去到哪里都会被人们前呼后拥、争相报道、索要签名。有一次，他突发奇想，决定跟大家开个玩笑。吃饭前，他把自己藏在饭厅内一个不被注意的柜子中，想等到大家遍寻不着时再跳出来。结果令这位艺术家尴尬又失落的是，大家丝毫没有注意到他的缺席，酒足饭饱，纷纷离去，没有人在意到他这么一位"名人"不在场。从那以后，他告诉自己也告诉朋友，永远不要把自己看得太重要。只有不把自己看得太重，才会活得轻松。

凡是有智慧的人，大部分呈现出来的状态都是心平气和、荣辱不惊的。他们也许是很知名、很有威望的人，却往往能把自己看小的人。

被称为"活圣人""行走在人间的天使"的德蕾莎修女就是一个把自己看小，把世界变大的人。她把一生献给了印度穷人，献给了全人类最伟大的事业。在印度，她关心最穷苦的人，把毕生精力和爱撒播人间。她花在自己身上的钱微乎其微，在1979年诺贝尔和平奖的颁奖台上，她穿着一件只值一美元的印度纱丽上台领奖。在生活中也是，无论是和总统会面还是和穷人在一起，她都穿着这件衣服。而且还把自己获得的诺贝尔和平奖的奖牌卖掉，所得款项和奖金全部用来帮助穷人。

她一手创建的仁爱传教修女会有几亿美元的资产，但她一生坚守最朴素的生活方式。她只有电灯和电话两样电器，个人全部财产不足一百美元。她努力帮助穷人的时候也时刻照顾穷人的尊严，所以让自己也成为一个穷人。在她看来，给予爱和尊严比给予食物和衣服更为重要。正是这样一位大慈大悲的天使，给印度带来了希望，给世界和平带来了希望，成为全世界最了不起的人。这样光辉的人格魅力是那么伟大，而她一生却把自身看得那么小。

我们每个人都应该先把自己看小，才能让自己的内心世界变大。当自己的内心大到足以容纳任何事物，变成"宰相肚里能撑船"的状态，还有什么事情看不开呢？

生活中，越有底气的人越沉静简单，越低调。这个世界看似复杂多变，本质上还是你一个人的世界，变来变去都是自己的心在变。没有平静的生活，只有平静的心。给自己一份安恬的心境，你会发现，一朵花、一片树叶都是那么的美丽。小花小草都把自己看得很低，却生生不息，装点着山河大地。

以人为镜，反求诸己

我们在所有关系中看到别人的状态其实都是自己的投射，别人都是镜子，照出来的种种不同恰恰是我们自己。所以，当我们带着觉知与成长的心态去面对别人的时候，往往先从"反求诸己"开始。

《孟子》说："行有不得，反求诸己。"做事没有成功，没有达到预期的理想目的，我们不要去责怪别人，挑剔客观的原因，而是马上反过头来从自己身上找原因，看是不是自己的德行能力有所缺失。

我们每个人都不得不面对三个方面的痛苦：一是环境和他人制造的痛苦；二是亲朋好友制造的痛苦；三是自己给自己造成的痛苦。这三者是递进的。他人制造的痛不太痛，最多会让人感到困扰和无助；亲人朋友制造的痛比较痛，因为至亲至爱之间的矛盾和纠纷会让人非常难以接受；最痛苦的是自己给自己制造的痛，面对这种痛苦，要么绝望而没有任何反抗之力，要么绝地而后生，痛定思痛转而升华。

人生天地间，是选择痛苦的感受，还是选择幸福的感受，这把钥匙在自己的手里。天地人三者代表自然、社会和自己。自然是永恒的，无法改变；社会是自动的，不以个人的意志为转移；唯有自己是主动的，是能够自主自发去改变的。

小雪是个单亲妈妈，面对丈夫的背叛她可以选择宽容，但她是一个宁为玉碎、不为瓦全的人，她只选择了孩子，其他一切都不要，甚至丈夫提出给抚养费也让倔强的小雪拒绝了。小雪带着对前夫深深的恨离开了一起建造起来的十几年的家，带着孩子租房居住。她把孩子寄托在午托班，每天下班之后接孩子回家，把所有的精力都用在教育孩子身上。最初小雪有些走不出来，回顾与前夫的种种美好的回忆，她不知道问题出在了哪里，才会导致丈夫选择背叛家庭。在两个人协议离婚的那天，她听到丈夫说过"你是被宠坏的公主，脾气太坏，没有哪个男人能受得了你"。这句话在小雪看来像一声响雷在她耳边炸开，之前她从来没有觉得自己脾气有什么不好，也从来没有人敢这么直白地告诉自己。当她听到丈夫这么说的时候，那一刻她并不服气，她认为是丈夫在为自己犯下的错推卸责任。当婚姻遭遇搁浅的时候，小雪也渐渐开始自省，是不是自己真的像前夫说的那样是脾气又臭又坏的公主？是不是自己也有太多的错误才使得他选择在别人那里寻找安慰而背叛婚姻？是不是自己不理解和关爱对方才使得前夫离婚时候那么决绝？当小雪开始自我发问的时候，也正是她把心打开的时候。之前感觉眼前一片黑暗的小雪，心里渐渐透进了光亮，她选择了原谅：原谅前夫，是他让自己认清了自己的脾气；原谅家庭的解体，是它让自己学会了独自承担；原谅了自己，放爱一条生路而不是和前夫弄得鱼死网破。她选择了感恩：感恩前夫曾经和自己有过美好的回忆，感恩自己还有能力在挫折中成长，感恩身边有孩子陪伴自己。当小雪学会原谅和感恩之后，奇迹发生了，她发现工作和孩子能够兼顾，她一个人应付生活游刃有余，多苦多累也不再抱怨，学会了什么时候都要幸福。

　　生活是自己走出来的，遇到挫折或不顺的时候，人需要做的不是推卸责任和抱怨别人，而是反求诸己，寻找自己的原因和不足，然后加以修正和弥补。这个过程也是一个"明心见性"的过程。

　　遇到坎坷和挫折，如果不是反省自己过往的不足，而是怨天尤人，把

坎坷的形成原因无端推给他人，为自己的不足寻找存在的理由——殊不知，自己如果不针对坎坷去自我改变，坎坷一定会越来越多。

假若我们将注意力放在外部因素上，不反思自身的原因，只能使事情变得更糟，无益于境遇的改善。而只有当一个人站在客观的角度，冷静深入地分析自身原因后，才会发现，所谓的外部原因，多数都和我们自己息息相关。

反求诸己也是跳出来看自己的过程，当一个人陷在自己的思维里的时候很难对自己有客观的评价。当自己以另外一个身份反过来看自己的时候，就能看到自身的不足与缺陷，然后才能正确地评价自己，从而达到知行合一。

所以，要想摆脱人生困境，先从自身找原因。你真的能够对身外发生的一切事物都没有责任吗？当别人给自己带来痛的时候跟自己无关吗？当自己给自己制造痛苦的时候果真放不下吗？多反思一下自己的过失，或许会收获得更多。

疗愈失败婚姻的伤痛

幸福婚姻是人人都盼望的结局，但不是所有人都能得到这样的福报。既然婚姻有不幸福或失败的可能，那么如何让自己面对这种伤痛，学会自我疗愈才显得珍贵。

伤痛是每个人成长和每段婚姻中难以避免的事情，但伤痛的背后都隐含着相应的意义，需要被挖掘和应用，人生就会发生转机，从而让伤痛成为人生一份成长和变得更好的生命资源。有些人发自内心地说，感恩过去的伤痛，感恩过去的苦难，感恩过去的经历，让我变成了一个坚强勇敢的人，没有过去的经历和困难的磨炼，就不会有今天的成就和开阔的胸怀。所以能够真正认识伤痛，接纳伤痛，疗愈伤痛，转化伤痛，升华伤痛，就成了每个人生命中很重要的态度和魅力。

一般婚姻的伤痛有以下几个方面。

首先，是强烈的挫败感。婚姻失败会造成强烈的负面情绪，让人认为是自己人生的失败，容易放大"悲观"从而变得消极，变得自我怀疑和自我否定，将生活过得一团糟。很多人或许已经意识到了，人的情绪和心态可以在很大程度上决定一个人的生存状态。你开开心心过好每一天，跟凄凄惨惨过着每一天，你的生存状态肯定是不一样的。你要开心，没人拦着你；你要伤心，也只是苦了自己。婚姻已经失败了，如果再揪着不放，生活会因为婚姻失败而变得更加艰难。

其次，无法自救的堕落感。由于婚姻失败造成的挫败感紧接着就会出现"堕落感"。"挫败感"是一种负面状态，不光自我怀疑和自我否定，而且总是很在意别人的看法，感觉自己低人一等，感觉自己怎么都无法正常生活了，于是干脆"堕落"，想当然地认为离婚之后就该这么活。人一旦产生这种"堕落感"，就总是会把一切责任归咎于外因。别人只要一表达同情，他们就会说："是啊！都是离婚导致的，我也不想这样，但没办法。"还有些人潜意识里不让自己改变，觉得在别人的同情下过活也不错，甚至觉得自己若是改变，会让人看笑话。

最后，是凄凄惨惨的倾诉感。婚姻失败的人往往就像祥林嫂一样到处倾诉，最开始可能会有人同情，时间长了别人就听烦了。当一个人反复不停地倾诉自己的悲伤，别人听多了只会觉得厌烦，而不再是同情。刚离

婚时，当然可以找人倾诉，但你在倾诉完之后，要听听别人的开导，要好好反思下自己，别让"倾诉感"停留的时间太长太久，不然对你自己没好处。

有不少人在伤痛面前无法自拔，甚至还会对过去的人、事、物一直抱着怨恨的心态，这样无形中在消耗自己的能量。

有个很有意思的故事。

有个人，他一生气就跑回家去，然后绕自己的房子和土地跑三圈。后来他的房子越来越大，土地越来越多。而每当他生气时，他仍然还是要绕着房子和土地跑圈子。直到老了，依然是这样。

有一次，他的孙子问："爷爷，你为什么一生气时就绕房子和土地跑呀？"

这人回答说："年轻时，我一和人吵架、争论，想要生气怨恨时，我就绕自己的房子和土地跑三圈。我边跑边想，自己的房子那么小，土地那么少，哪有时间和精力去跟别人生气呢？一想到这，我的气就消了，也就有更多的时间工作和学习了。"

孙子又问："爷爷，成了富人后，您为什么还要绕着房子和土地跑呢？"

这人说道："成为富人之后，边跑我就边想，房子那么大，土地那么多，又何必和人计较呢？一想到这，我的气也消了。"

故事很有哲理，我们活在当下的人也应该明白这个道理，把怨恨别人的那些时间用在做些有意义的事上比什么都强。

能够原谅别人、不去怨恨别人是对放弃过去的恩恩怨怨的一种承诺。真正的原谅不是原谅别人，而是原谅自己。如果能够真诚又发自肺腑地在自己的内心和脑海中说出"谢谢这段经历，谢谢别人让我难受以后习得了一种经验和体会"，这么做一定会让自己的内心获得真正的自由和能量。

不去怨恨代表的是自己内心的觉醒，认为生活中出现的问题不全是外物引起的。哪怕即使就是外物、外人使得自己不舒服，选择不去怨恨就是在给自己收集能量。反之，认为生活中出现的任何糟糕的事情都是别人的问题，这种想法是错的，因为这样是在放弃自己的能量。

所以，我们经常发现在生活中带有怨恨的人都会说："都怪我的丈夫，都怪我的妻子，都怪我的老板，都怪我所处的环境。"这种说辞无边无际，一般人都不愿意选择完全承担责任。很多时候，大家都选择比较好走的路，都选择扮演受害者，责备自己以外的人和物，这样做看起来总是让人感觉很舒服。可惜从长远来看，扮演受害者只是在减少你的能量，让你在这个世界无所立足。

我们之所以对已经发生的事不能释怀，之所以自怨自艾，部分原因是因为事情发生后，我们常常不能重拾自己的身份与和谐。而是陷入了消极的能量之中无法自拔，将注意力集中在他人身上，白白将自己的能量给了那些人。

当我们学会了承担责任、消除怨恨以后，整个人就会不断去得到能量，让自己变成一个由内而外散发着和谐气息的人。

当我们的心念具有了能量，由内而外散发出的气场就会让人感觉舒服，想和你打交道，想去接近你。如此人脉也会渐渐广了，做事也顺了，脚下的路也会越走越宽。

接纳自己的真实情绪

我们每时每刻都要觉察自己内心的"负能量",如果执着于负面情绪会让内心感受不到喜悦。

在心理学上,并没有情绪上的正负,情绪就是情绪。

负性情绪是一个信号,借由它我们得以调整自己对待世界和他人的态度,并看到真实的自己。如果一味逃避或压抑那些负性情绪,我们就会被冲突所左右,被细小的生活事件"撕裂"成碎片,到头来常常得不偿失!

所以要接纳自己真实的情绪。什么是接纳呢?就是不要对情绪有分别心。事实上,情绪没有好坏,只是一个人如何看待情绪的态度,把情绪分成了好的或坏的。

换个说法,你说哭是个好情绪还是坏情绪?哭泣在微笑面前,似乎是坏的,而如果因为哭一次带走身体里的负能量,我认为哭泣就是好的;反之,那种明明内心很受伤却努力去笑的人,笑是装出来的,反而是坏的。所以,无论好情绪,还是坏情绪,都要接纳。有句话说得很好:想哭就哭出来,然后忘了它。在我看来,这就是对于情绪最好的一种接纳状态。尤其是在做亲子教育这些年,经常听父母们说,一定要接纳孩子的情绪,孩子才能正确表达情绪。

我们看一个例子。

父亲经常加班晚回,因而和儿子相处的时间寥寥无几。一天晚上父亲回到家里看到儿子不开心,甚至见到自己都没打招呼,就问孩子:"你怎么了,这么大还这么没礼貌,爸爸回来也不打个招呼?"孩子看了父亲一眼,气鼓鼓地回应:"你天天不陪我,就知道工作。"父亲听儿子这样说,原本上了一天班已经很累了,于是也发火了:"你有什么好生气的,我累死累活挣钱,还不是为了你,给你买玩具,供你吃穿用,你还有理了?"孩子终于绷不住了,一边掉眼泪一边控诉:"你每天都不陪我,就知道骂我。"

通过上面这一段父子的对话我们不难发现,儿子之所以出现负面情绪是表达了对父亲陪伴的渴望,但是父亲不但没有接纳儿子的情绪,反而觉得儿子是在"无理取闹",还给儿子讲大道理来回应儿子。这样的回复,相信孩子一定会大失所望的。

同样的情境,如果父亲能够接纳儿子的情绪,就会用不同的方式去回应。比如,父亲觉察到儿子不开心,可以询问:"我觉得你好像不开心,能跟爸爸聊聊吗?"如果听儿子说"你总是工作,不陪我玩儿",父亲就要说"是爸爸工作太忙忽略了你,谢谢你告诉我。现在我知道了,你想从幼儿园回来的时候就能看到我,让我陪你玩儿"。相信这个时候儿子肯定会愉快地向爸爸展示自己一天在幼儿园的学习成果了。

其实说到最后,孩子可能并不需要让父亲陪自己玩,他只是希望展示一下自己的劳动成果、自己的杰作,可是在前一种回应方式中,爸爸讲完道理,孩子已经失去继续对话的愿望和兴趣了,甚至会更加委屈。所以有的时候关注孩子的感受、富于同理心地回应孩子,可能仅仅是一句话的问题,事情就会有改变,沟通也会出现转机。

当我们能够接纳孩子的时候,意味着我们和孩子一起成长。如果我们不能接纳孩子,可能沟通就已经失败了一半。

不论对孩子、对配偶,还是对待自己,先接纳情绪才会消除很多问题。

美国心理学家南迪·内森指出:一般人的一生中平均有十分之三的时间处于情绪不佳的状态,每个人都不可避免地要与消极情绪做持久的斗争。

但是,坏情绪真的那么可怕吗?事实上,大自然里不会有一棵树永远开花结果,一个人也不可能永远积极向上、阳光乐观。遭遇坏情绪时,我们越是抗拒,越是想用强力手段除去它,它就越可能成为我们生活中的巨大阴影。

相反,如果我们能够坦然地接纳、感受这些坏情绪,并耐心地疏导这些坏情绪,这些情绪本身也可以给我们带来成长的力量。

当我们执着于想要自己没有情绪的时候,我们在做什么呢?其实就是在不接纳情绪本身。情绪是好的还是坏的,都是基于小我的认同罢了,如同所谓的"负面能量"其实更准确地说只是振动频率较低的能量,或者说是卡在了我们身体里的那些能量罢了。

其实当你真正去觉察自己的情绪的时候,就会发现,90%以上的痛苦来自抗拒或者说不接纳。譬如发生了一个重大创伤事件,人们会陷入极度的痛苦之中,这时候其实痛苦往往是因为无法面对、无法接受或者说不接纳已经发生的既成事实。大部分朋友希望自己只有喜悦、和平与爱的情绪其实就是不能接纳自己的其他情绪,这其实是对抗的不同形式。对抗的结果是什么呢?就是越来越陷入情绪,无法自拔。越是不能面对,越是躲在自己的情绪里,或者自怨自艾,或者自怜自哀,其本质还是逃避。而越是不想要这些情绪,却发现情绪越来越糟。如此循环往复、日复一日的挣扎,怎能不痛苦呢?所以我们会说,来疗愈痛苦的第一件事,就是释放我们的抗拒。

接纳那个不健康的、不快乐的自己，当别人关心的话进入不了自己的内心时，记得要好好拥抱自己，与坏情绪对话，然后和解。知道自己很辛苦，但要在黑暗的路上成为自己的光，这道光就是接纳。无论是好情绪还是坏情绪，学会接纳，事情就会出现转机。

情绪是种能量，教我们学习

从物理学的角度来讲，任何物质我们都可以把它看作一团振动的粒子，或者一种能量，情绪也是一种能量。能量本身不分好坏，关键看我们调动它的那一刻下了什么念头。我们因为嗔恨起的，它就带着火焰；因为悲伤起的，它就如同冰冷的海水；不管是火焰，还是海水，身体都要经受它的摧残。反过来，如果我们内在光明心起，它就带着温暖、友善、理解、爱与体谅，身体就会受到关爱。这也非常符合我们心理学上的"吸引力法则"，你用积极的心态吸引好的能量，用消极的心态吸引不好的能量。

当你感觉喜悦和幸福的时候，血液流动就会特别快，你的体内有一种快速强烈的能量使身体的各个循环系统加快，你感到全身轻松自在，身体的循环系统得到了恰当的疏通和推动；当你悲观失望的时候，你会感到全身无力，各个循环系统的速度遭到拖延，不是这里疼就是哪里不对劲。

曾经有位妈妈告诉我，她已经总结出了一个规律：只要她下班回家见

到孩子时，带着笑脸而且拥抱了孩子，孩子当晚的表现就会很乖。而只要某天她被公司的事情搞得很心烦，绷着脸回家，孩子就会状况不断，令她抓狂不已。还有一次，丈夫下班回家以后，虽然没有说什么，但她明显从他沉默的状态中感受到一种不舒服和压力，然后她和孩子说话也没有好气。

这说明什么？情绪这种无形的能量，从妈妈这里已经传导到了孩子身上，从丈夫身上已经传导到了妻子身上，虽然这种能量看不到，但是孩子的表现就印证了妈妈好情绪或坏情绪带来的强大能量。

情绪有两种能量，一种是正面的，一种是负面的。正面情绪能激发人的热情、活力，带给人身心健康和良好的人际关系，而负面情绪则影响人的身心健康，破坏人际关系，甚至导致死亡。

不管是正面情绪还是负面情绪，都是一种能量、一种资源，都有自己的功能，都是潜意识在保护我们的信号，教我们从中学习。

既然是能量，我们学过物理也就会知道，能量是守恒的，它不会消失，只会改变形式。所以，我们面对情绪能量也是如此，无法做到让坏情绪消失，却可以让它转换或改变形式。

好的情绪我们允许它去表达和释放出来，从而和别人产生互动或者共鸣，但如果是一种不好的情绪怎么办？为了不伤害别人或者想要成为一个成熟的、可以控制自我的人，我们不希望这些情调跳出来，于是往往会把它收起来、压下来。这是比较常见的做法。那么压抑情绪会带来什么样的后果呢？有的时候最明显的是会带来心情上的郁闷，在心理上会形成能量结。同时，也会在身体上造成反应，特别是在我们的胃部和腹部。当我们去压抑自己的愤怒，这些对外的攻击就会转向对自己的攻击，这时候自己就会感觉到胀气、身体发僵等，这些不舒服可能都会出来。

所以，我们必须找个方式让坏情绪流动。什么样的方式呢？就是在不影响其他人情绪状态的情况下，让自己的负面情绪释放出来。

我在一些课程里会带引大家去做一些这方面的活动，你可以准备一个减压球去揉捏，也可以走进大自然冲着空阔的地方放声大喊，也可以听那些让人能够放松的音乐。让情绪有流动和释放，这样做五分钟或者十分钟都是可以的。

这样一来，坏情绪这股强大的能量虽然没有消失，却被有效转化，你不再把这股情绪发向你周围的人，没有给别人造成困扰，却让自己有效改善。

情绪的觉醒和觉知也不是短时间就能提高的，需要慢慢去改善和成长。我们每个人可能无法改变性格和血型等对自己的影响（有一种说法，人的情绪受性格、血型、星座的影响），但我们可以试着去变成一个爱自己、爱别人、不轻易起急的人，释放和谐的能量，传递更多的快乐。

冥想与音乐的疗愈力量

每个人都生活在天地间，在万人万物之间开辟自己的人生道路，似乎每一天都在忙碌的世界当中打转。每天早晨为了多睡几分钟懒觉，而不得不急急忙忙地去上班。大街上熙熙攘攘、行色匆匆的人群伴随着我们开始新一天的工作，而工作又带给我们压力，使我们不得不加快进度以满足工作、家庭、社会对我们的需求。

快节奏的时代，多数人行走太快，总感觉身心疲惫。总得需要一个方

法让自己慢下来、静下来，听听自己的心。有一种方法目前备受推崇，那就是通过冥想和音乐在呼吸之间，把节奏放慢……

《黄帝内经》里说"精神内守，病安从来"，"悲哀愁忧则心动，心动则五脏六腑皆摇"。心养好了，才能真正使身体各脏腑功能正常。而音乐疗法，即是运用了这个原理，在治疗疾病过程中辅以音乐疗法，而使得"一曲终了，病退人安"。

当一个人心情郁闷、焦躁不安的时候，可以每天早上或晚上选择一个时段让自己安静下来，打开音乐闭上眼睛，在乐声舒缓的状态中让自己进入冥想状态，以产生源源不断的能量，从而疏通肾经，强壮肾脏。这对疏解郁闷、烦躁有意想不到的效果。

著名作家金庸在武侠小说《笑傲江湖》中曾写过，令狐冲受了内伤，任盈盈为他抚琴疗伤。书中说，这曲子"柔和之至，宛如一人轻轻叹息，又似是朝露暗润花瓣，晓风低拂柳梢"，一曲毕，令狐冲顿觉舒爽，五脏六腑都服帖了。

国外大量研究证实，音乐能引起各种生理反应，音乐能产生明显的镇痛作用。由于大脑皮层上的听觉中枢与痛觉中枢相邻，音乐刺激引起的听觉中枢兴奋能有效抑制相邻痛觉中枢，从而显著减轻疼痛。

疗愈音乐不仅是心灵的良药，也是身体的良药。

在冥想的舒展与放松中，我们慢慢明白：专注下来，回到自己，触摸内心深处的宁静，才是对生命之美的探索与创造。唯有向内寻找，才懂美之无限……哪怕只有瞬间，却能清晰地碰触每个生命的天真之美。通过冥想和音乐，我们慢慢地历练出内在的沉静与舒展，观照着外在展现的一切身体行为与情绪起伏，来来往往，而内在的静美，一直都在。这种内在的静美，就是生命本真的美。

冥想与听音乐是人生最早的感官知觉，一个小生命在妈妈的子宫内就开始通过这两种方法感知温暖与安全感。

事实上，我们的身体充满智慧，自身具有奥妙又精密的修复与自愈功能，并且还有许多"潜能"等待着我们去启动和唤醒。

通过冥想和音乐的疗愈，能够让一个人变得美善，变得柔软。为什么这么说呢？

当一个人的身心完全放松、情绪平和、表情柔软、声音不再充满抱怨和暴戾的时候，整个人外显给别人的状态就是"善良美好"的。

一旦达到"善美"的状态，那么作为儿媳妇她不再挑剔公婆的不对，作为妻子她开始理解丈夫，作为妈妈她更有耐心和爱心来陪伴和影响孩子。于是，生活处处变得美好和谐。

所以，我说一个女人身心健康是一切善美之源。

放眼周遭，我们唯一可以掌控的，是自己呼吸的频率、表情的舒展和肌肉的柔韧。

在过去五十多年里，音乐疗法（Music Therapy）在全球广泛地得到实践。它应用在身体、灵魂、心理、残疾、障碍、危机状况的心理治疗过程和心理健康陪伴中。

音乐治疗是一个系统的干预过程，在这个过程中，治疗师运用各种形式的音乐体验，以及在治疗过程中发展起来的、作为治疗动力的治疗关系来帮助治疗对象达到健康的目的。

当然音乐疗法不仅仅指我们狭义的那种"音乐"，人类生活的环境里处处布满音乐，即使是最简单的东西，如石头和木头，也可以带来美妙的音乐。来自大自然的声音，如流水、风声、蛙鸣，也是动听的音乐。音乐并不是纯粹的乐曲，它始于人与人之间的互动。唯有我们开始倾听、开始

付出关注，从那一刻起它才真正诞生。音乐是一种相遇，是我们与自己相遇，也与自然、环境和整个世界相遇。通过进入音乐的世界，我们得以进入声音的世界，再进入乐器的世界。

大量的研究证实，音乐可以引起各种生理反应，如使血压降低、血管容积增加、去甲肾上腺素含量增加等，可明显地缓解人体的紧张焦虑，促进放松。对心脏病、高血压、肠胃系统疾病、偏头痛等都有良好的疗愈作用。

小A被确诊患中度抑郁症，最初的一段时间里她天天想着一些不好的事情，看什么都很悲观，觉得世界并不可爱，身边的人都不值得留恋，满心的恐惧和痛苦，症状非常严重。每天严重失眠导致她心神不宁，胸口似乎总有一块大石头在压着她。经过大量的治疗收效甚微，她最后选择了音乐疗愈课程。

每天固定的时间，小A都来上课，专注于自己的深度呼吸上，她从最初一呼一吸能坚持十秒到最后能坚持三十秒甚至更长。当她把自己的意念专注于冥想，放空头脑和心灵的时候，病情似乎已经没有那么重要了。尤其听着专属的定制疗愈音乐，她整个人开始发生变化。她的脸上开始有了平和的笑容，也能够和别人聊聊生活。她开始回忆和丈夫初恋时的美好，甚至开始去福利院做义工。经过一段时间的音乐疗愈，取得了惊人的效果，小A觉得抑郁症并没有那么可怕。最后她彻底治愈以后，整个人变得乐观自信了，那个开朗健康的她又回来了。

音乐能带动人喜怒哀乐的情绪。聆听音乐的过程，有轻松愉悦，也有泪流满面。假若某段音乐让你伤心流泪，那么请你不要压抑自己，就让自己随乐而动，随心流淌，这正是洗涤心灵的过程，是清理心理垃圾的过程，音乐完毕，你会感觉轻松与安静。

所以，无论是普通人还是生病的人，都有幸福的可能，这份幸福和"心"息息相关。我们每一个人都需要学会爱的功课，学会向内观照的功课，感受冥想与音乐的疗愈力量。闭上眼睛，从心里默念：

每天每一方面我都变得越来越好

我所需要的一切正轻松自然地走进我的生活

我的生活全然完美，如花盛开

我具备一切条件享受当下时光

我是自身生活的主宰

我所需要的一切早已在我的心中

完美智慧来自我心

我本人完整而全面

我喜欢和欣赏真实的自己

我将所有的情感都接纳为自己的一部分

我喜欢去爱和被爱

我越多爱自己，就给别人越多爱

我无忧无虑地给予和接受爱

此时我正将充满爱意、令人满足的情感关系吸引到生活中来

我跟所有人的关系都越来越好，越来越快乐，越来越丰盛

我是创造性能量的开放性通道

我放松享受生命给予我的一切

完全静止，宁静地坐着，放松，将能量聚集在内心，让你的思想飘到越来越远离你的地方，让你自己进入很深的宁静和平，那是在你的中心。

你可以坐在地板上或椅子上,头和背要保持挺直,身体要放松,闭上眼睛,自然地呼吸。要觉知,完全处于当下这个片段,自己仿佛变成一个山上的观看者,观照着任何经过的东西。你的头脑会想要跑到未来,或是回到过去,只要保持一个距离来看着它们,不要判断它们,不要陷入它们之中,只要停留在现在,观照。那个观照的过程就是在静心,至于你观照什么,那并不重要。记住:不要认同于任何思想、感情、身体的感觉或判断,也不要迷失其中。

观照之后,让你的身体躺下来,不要有任何努力或控制。躺下来,继续观照,觉知到你不是身体,也不是头脑,你是某种跟这两者分开的东西。当你越来越深入你的内在时,你终将会来到你的心中。